조선셰프 서유구의

과자 이야기 2

당전과·포과편

임원경제지
전통음식 복원 및 현대화 시리즈

조선셰프 서유구의

과자 이야기 2

당전과 · 포과편

자연경실

머리말

달콤한 유혹, 그 두 번째 이야기

가장 오래된 감미료인 꿀에 절인 과자, 밀전과를 다룬 첫 번째 과자 이야기에 이어 두 번째로 설탕에 절인 당전과(糖纏菓)와 과일을 볕에 말려 만든 포과(脯菓) 이야기를 시작하려고 한다. 깔끔하고 선명한 단맛을 지닌 설탕을 써서 과일이나 열매를 다루거나 면(麵)과 결합한 이야기, 설탕이 주인공이 되어 변신하는 법, 자연의 당을 활용하고 가루 내어 꿀과 설탕을 써서 뭉치는 법이 체계적으로 그려진다.
당전과(糖纏菓) 편 총론(總論)에서 서유구 선생은 사탕수수를 석밀(石蜜)과 당상(糖霜), 향당(饗糖), 당전(糖纏), 유당(乳糖)으로 나누고, 중국에서는 손님 접대 음식의 태반이 각설탕, 가루 설탕, 과일 설탕 절임, 연유 같은 다양한 형태로 가공된 사탕수수에서 나온다고 서술하였다.
우리나라 사람들은 사탕수수를 재배할 줄 모르고 반드시 연경(燕京)의 가게에서 구매하니 호귀(豪貴)한 사람만이 아니고서는 구입할 수 없음을 안타까워하며 우리나라 영남과 호남의 바닷가에 있는 고을들에서는 기후의 따뜻한 정도가 중국의 사탕수수가 나는 지방과 비교하여 서로 크게 차이가 나지 않으니, 만일 종자를 전하고 농법대로 재배하기를 권장한다면 결코 이루지 못할 일은 아니라고 하였다. 다만 문익점과 같이 일을 좋아하는 적당한 사람이 없는 점을 안타까워하셨다.
선생은 중국의 사례를 참고해 가능한 우리나라도 사탕수수를 들여와 재배하고 누구나 설탕을 먹을 수 있게 되기를 바라셨다. 사탕수수를 재배하면 다양한 음식문화를 꽃피울 수 있고 '기호 음식의 대중화'를 이룰 수 있다고 생각하셨다. 당시 조선 사회의 모순과 불평의 근원은 문익점처럼 일을 벌여 실행하는 사람은 없고 기후 탓만 하며 시도조차 하지 않는 기득권층의 안일함에 있다는 점도 지적한다. 당전과 편을 통해 현실의 문제점을 개선하고 중국이나 일본의 사례를 통해 계층 간의 조화와 균형을 모색한 선생의 애민(愛民) 정신이 가슴에 깊이 와 닿는다. 〈정조지〉가 단순히 조리법과 식재의 특성, 약성을 모아 놓은 요리백과사전이 아니라 민중의 생존을 넘어선 평등과 요리하는 인간의 문화적 유희(遊戲)까지 아우르는 종합인문서라는 사실을 알 수 있다.

설탕에 다른 가루를 가미해 설탕의 약성을 활용하고 중국의 설탕밀가루과자와 일본의 설탕공예를 살펴볼 수 있는 첨식 편도 다른 고조리서에는 볼 수 없는 흥미로운 부분이다. 과자의 본질에 충실하면서 만드는 재미와 달콤하고 부드러운 향이 넘치며 상상력이 충족되는 부분이다.

포과(脯菓) 편에서는 계절의 제한을 많이 받는 과일은 저장성을 높이기 위해 볕에 말리고 가루를 내서 간편하게 휴대할 수 있게 하였다. 여기에 꿀과 설탕을 더해 반죽하고 틀을 이용해 모양을 찍어내면 다른 차원의 심미적인 요소가 가미된 과자가 만들어진다.

때로는 연지로 색을 입히거나 계핏가루, 산초 가루를 더해 향과 맛을 더하고 보존성을 높이고, 강분정(薑粉錠)을 만들 때는 시상(柿霜), 설탕, 백밀(白密)을 섞어 단맛을 냈다. 시상이 천연 포도당, 과당 성분이니 선생은 설탕 없이도 나름대로 최고의 단맛을 내는 법을 전해주셨다.

당전과 편과 포과 편에는 현대인들에게도 유익한 조리법들을 엿볼 수 있다. 매실이나 산사, 감귤, 모과같이 약성과 신맛이 강한 과일을 절여 과자로 만들어 건강 유지에 보탬을 주거나 저장해두었다가 차로 마시고 음식에 조미료로 활용하는 지혜도 배울만하다. 향이 좋은 형개나 비자, 영양 만점 연실, 콩 등을 그대로 과자로 만드는 법은 현대인에게도 꼭 필요한 방법이다. 포과 편의 강분정이나 조유정(棗油錠)은 면역력을 높여주고 신경을 안정시켜주는 과자로 통신병, 백익병이라는 이름 그대로 현대인에게도 유익한 과자다.

《조선셰프 서유구의 과자이야기 1》 밀전과(蜜煎菓) 편에 이어 당전과와 당전과 편에 부록으로 포함되어 있는 첨식 그리고 포과는 우리가 가지고 있는 한과에 대한 좁은 시야를 체계적으로 넓혀준다. 선생은 외국의 것도 적극적으로 수용해 자주

적이고 창의적인 음식문화가 자리 잡기를 바랐다.

〈정조지〉 권3 과정지류(菓飣之類)의 여러 설탕 과자들은 과자의 본질과 단맛을 내는 다양한 식재들, 과감한 향신료를 사용해 단맛의 한계를 극복하고 새로운 맛을 끌어내는 법까지 우리에게 끝없는 질문을 던진다. 한 지성이 치열하게 관찰하고 요리하며 정리해 쓴 〈정조지〉는 충실한 과거가 우리의 미래라는 사실을 말해준다. 논밭에서 허리 굽혀 일하고 임진강에서 그물을 끌어 올리던 손으로 부뚜막에서 칼을 잡고 조리하며 쓴 〈정조지〉는 삶의 요체가 담긴 진정한 요리서라는 생각이 든다.

《조선셰프 서유구의 과자이야기 2》에서는 당전과 13가지, 당전과 편에 부록으로 포함된 첨식 17가지와 감람(橄欖)을 구하지 못해 복원할 수 없었던 매화포(梅花脯)를 제외하고 포과 27가지를 연구하여 복원하였다. 이 책의 연구를 마치며 생존과 유희, 실용을 뛰어넘는 문화와 예술로서의 음식과 요리, 독점과 평등 사이에서 치열하게 고민하며 계층 간의 조화와 균형을 꿈꾼 이야기를 함께 하고자 한다.

목차

당전과

부록 첨식

포과

현대편

당전과
(糖纏菓, 과일설탕절임)

설탕과자는 밀전과(蜜煎菓)와 마찬가지로 설탕에 조리거나 스미게 하는 방법이다. 당분에 오래 절여지는 동안 맛은 풍부해지고 묘한 풍미를 지니게 되며 부드러워지고, 향이 올라오고, 저장성이 좋아진다. 소박한 재료에 설탕을 더하고 불, 바람, 오랜 시간의 힘을 빌려 새로운 맛을 만들어낸다. 저온에서 서서히 풍미를 만들어가는 당전과는 단순하지만 삶을 닮아 있다.

사탕수수가 주는 달콤한 선물

당전과(糖纏菓)에는 설탕을 활용해 과일이나 씨앗, 허브의 보존성을 높이고 향을 오래도록 보존하는 다양한 방법들이 소개되어 있다. 설탕은 꿀에 비해 가공성이 좋아 가루나 덩어리, 고, 시럽, 캐러멜 등 활용범위가 넓다. 서유구 선생은 설탕과 식재의 성질과 형상에 맞춰 활용하는 법을 〈정조지〉 권3 과정지류(菓飣之類) 당전과 편에 골고루 실어 활용법을 몰라 식재가 방치되고 허비되는 현실을 경계했다.

삶을 풍성하고 윤택하게 하려면 잔치에 빠지지 않는 과줄을 만드는 데 설탕이 필요하다. 설탕은 멀리 연경(燕京)에서 비싼 대가를 지불하고 사오기 때문에 호귀(豪貴)한 계층만이 사 먹을 수 있는 사치품이었으며 꿀보다 설탕이 더 귀한 대접을 받을 정도였다. 선생은 중국 회하 이남 남방 지역과 기후가 비슷한 영호남 바닷가에서 사탕수수의 재배를 시도해보지 않는 것을 안타깝게 생각하셨다. 당시 조선에는 문익점(文益漸, 1329~1398) 같은 사람이 있어 종자를 들여와 농법대로 시험 재배를 하고 보급할 필요성이 있었다.

사탕수수의 쓰임은 매우 다양하다. 사탕수수는 열대, 아열대 작물로 줄기를 잘게 썰어 즙을 낸 후 석회를 넣어 불순물을 걸러 낸다. 사탕수수즙을 끓여서 농축시키면 결정이 생기는데, 결정에서 당밀을 분리하면 원당이 된다. 설탕은 형태와 성상, 정제된 정도에 따라 농축된 원액을 볕에 쬐어 말리면 응고된 사탕수수당인 석밀(石蜜), 서리처럼 가볍고 흰 당상(糖霜), 빛깔이 얼음처럼 희고 단단한 빙당(氷糖)으로 나뉜다. 사람과 사물의 형태로 찍어낸 것은 향당(饗糖)이라고 하고, 여러 가지 종류의 과류(果類, 나무열매)와 라류(蓏類, 풀열매)에 설탕을 입힌 것을 당전(糖纏)이라고 한다. 당전은 설탕을 굴리듯이 입히는 법을 말한다. 연자전방(蓮子纏方)이 여기에 해당된다. 우유로 만든 수락(酥酪)을 섞은 것은 유당(乳糖)이라고 한다. 맛이 부드럽고 촉촉하거나 고소하다. 첨식(甜食)은 당로와 볶은 밀가루를 반죽해 만드는데 향당이나 유당은 중국 사람들이 손님을 접대하는 데 썼다. 당로와 수유 또는 백설탕, 흑설탕을 써서 만든 설탕떡들은 계란 흰자, 우유, 설탕, 버터 등을 액체 상태로 볶은 밀가루와 섞어 반죽하기 때문에 굽거나 찌거나 튀기는 과자보다 덜 느끼하고 향이 은은하고 부드럽다. 설탕의 깔끔한 단맛도 잘 살아난다.

현대에는 여러 가지 설탕을 만들고 난 나머지 사탕수수 폐당은 바이오플라스틱을 만들 수 있다. 지구온난화의 원인인 온실가스 배출량을 줄이고 환경호르몬을 배출하지 않으며, 폐자원을 활용할 수 있어 지구의 환경을 살릴 수 있다. 바이오매스 에너지는 사탕수수나 옥수수, 감자 등의 식물의 당분을 발효시켜 바이오에탄올을 생산할 수 있어 화석에너지의 문제점을 극복하는 대안으로 활용할 수 있다.

당취매방 1

땅속에서 익은 깊은 맛

당취매(**糖脆梅**, **매실설탕절임**) **만들기 1**(**당취매방**)

청매 100개를 일일이 칼로 칼집을 내서 익으려 하면, 차가운 식초에 담가 하룻밤을 묵힌 다음 꺼내고 널어서 말린다. 따로 잘 숙성된 식초에 설탕 1.5근을 타고 여기에 매실을 담가 새 병 안에 넣은 뒤 대껍질로 병 아가리를 덮고 묶는다. 그 상태에서 사발로 병 아가리를 덮고 깊이 1~2척의 땅에 묻은 다음 진흙으로 위를 덮는다. 백로절(白露節)이 지나면 매실을 꺼내어 설탕을 바꾸어 다시 담근다. 《군방보》

糖脆梅方 1

青梅每百箇, 以刀劃成路將熟, 冷醋浸一宿, 取出控乾. 別用熟醋調沙糖一斤半浸, 沒入新瓶內, 以箬紮口. 仍覆碗, 藏地深一二尺, 用泥上蓋. 過白露節取出, 換糖浸.《群芳譜》

재료: 청매 33개, 식초 900mL씩 2번, 설탕 300g씩 2번

만드는 법

1 청매를 일일이 칼집을 내서 익으려 하면 차가운 식초에 담가 하룻밤을 묵힌다.

2 다음날 꺼내 널어서 말린다.

3 따로 잘 숙성된 식초에 설탕을 타고 여기에 매실을 담가 새 병에 넣은 뒤 대껍질로 병 아가리를 덮고 30cm 정도 깊이의 구덩이를 파서 묻고 진흙으로 위를 덮는다.

4 백로절이 지나면 매실을 꺼내 설탕을 바꾸어 다시 담근다.

tip. 청매에는 3줄 정도 길이로 칼집을 넣는다. 설탕은 저어서 식초에 충분히 녹게 한다. 청매 꼭지도 함께 따야 지저분하지 않다.

매실이 열리는 6월의 텃밭에는 당귀꽃이 하늘로 불꽃을 쏘아 올린다. 황토흙을 반죽해서 항아리 주위를 봉해 묻었다. 매실이 열린 6월에 묻어 이슬이 내리는 9월 백로(白露)에나 열어 볼 수 있다.
시들어가는 풀 주변에서 시큼한 향이 감돈다. 설레는 마음으로 황토흙을 부수자 놀란 벌레들이 데굴데굴, 구물구물 부산하다. 뚜껑을 열자 윤기 나는 댓잎이 생생하게 덮여 있다. 비단같이 매끄러운 광택이 아름답다. 항아리 속에서 올라오는 새콤하면서 달콤한 과일 향이 감미롭다. 이 향을 위해 지난 여름을 견뎠나 보다. 윤기 나면서 숙성된 매실의 빛이 그윽하게 감돈다. 맛은 보나 마나다. 살짝 신맛이 느껴지지만 서늘한 땅속과 풀이 만들어준 그늘 냉장고 속에서 잘 익은 국물맛이 식초처럼 입안에 침을 고이게 한다.
시간이 준 기쁨을 만끽해 볼 수 있다. 시간이 멎은 듯 고요히 잠겨있는 매실이 아름답게 빛난다. 1차 숙성절임액도 버리지 말고 차로 뜨겁게 마시면 온몸의 피로와 권태를 날려준다.
중국이나 우리나라에서는 제철 과일을 일 년 내내 맛보고 싶어 꿀에 절이다가 나중에는 설탕으로 대체했다. 당취매는 청매를 식초에 넣어 황변시키고 연하게 만든 뒤 식초에 녹인 설탕물을 부어 밀봉한 후 땅속에 묻어 3개월 가까이 숙성시켜 과실의 연한 맛과 풍미를 최대로 끌어올린 당 절임법이다. 매실의 신맛이 중화돼 그윽한 즙을 얻을 수 있다. 매실의 유기산과 식초의 유효성분이 설탕과 함께 발효되어 과실과 즙이 투명하고 맑은 특징이 있다.

당취매방 2

향기롭게 익어 가는 황금빛 보물

당취매(糖脆梅, 매실설탕절임) 만들기 2(당취매방)

당초매방(糖椒梅方, 매실설탕천초절임) : 큰 황매(黃梅, 누렇게 익은 매실)를 소금에 하루 동안 담갔다가 꺼내서 두드려 씨를 제거한다. 매실을 한 층 펴고 설탕·천초·생강채를 한 층 넣는다. 이렇게 겹겹이 항아리 안에 깔고 8/10이 차면 무거운 물건으로 덮어 한 번 그 자체로 쪄지도록 한다. 다시 생견사로 항아리 아가리를 덮은 다음 10일 동안 볕에 말리면 상에 올릴 수 있다. 볕에 말릴 때는 먼저 천초 잎을 매실 위에 둔다.《거가필용》

糖脆梅方 2

糖、椒梅方 : 黃梅大者, 鹽淹一日, 取出搥破核, 鋪梅一層, 入沙糖、川椒、生薑絲一層. 重重鋪罐內, 八分滿, 以物蓋覆, 蒸一遍, 再用生絹覆罐口, 曬十日, 可供. 曬時, 先用些椒葉在梅肉上.《居家必用》

재료: 큰 황매 1.5kg, 소금 80g, 설탕 400g, 천초 7g, 생강채 47.2g, 물 1L, 천초 잎 적당량

만드는 법

1. 큰 황매를 소금에 하루 동안 담근다.
2. 꺼내 씨를 부수어 매실을 한 층 펴고 설탕, 천초, 생강채를 한 층 넣는다.
3. 겹겹이 항아리 안에 깔고 8할이 차면 무거운 물건으로 덮어 한 번 찐다.
4. 다시 생견사로 항아리 아가리를 덮은 다음 10일 동안 볕에 말리면 상에 올릴 수 있다.

tip. 볕에 말릴 때는 먼저 천초 잎을 매실 위에 둔다. 생견사로 빈틈없이 봉해야 초파리 같은 벌레들이 들어가지 않는다.

3

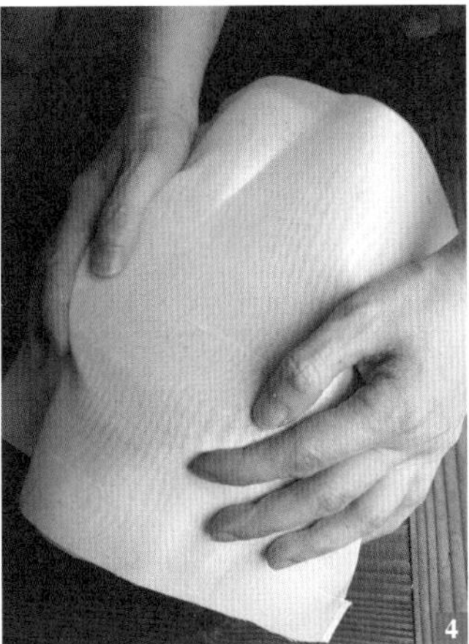
4

당초매방은 이미 익은 황매를 소금에 하루 동안 절여 짠맛을 들이고 찌는 동안 천초, 생강채가 설탕과 어우러지면서 증기를 통해 자연스럽게 당분과 향이 매실에 스미도록 했다. 천초 잎이 또 한 번 벌레를 쫓고 수분을 지켜주어 반건 상태의 짠맛과 단맛이 조화를 이룬 과자가 탄생한다.

생견사를 사러 갔다. 나이 지긋한 아주머니가 반갑게 맞아주시며 비싼 생견사를 어디에 쓰려고 하는지 물으신다. 생견사로 짠 비단은 중간중간에 이음매의 매듭이 있어 쉽게 구분이 간다. 마냥 곱지 않아 나이테를 닮은 옹이가 사람 손맛을 느끼게 한다. 내친김에 지끈도 짚으로 직접 꼬아 준비했다. 이만하면 준비가 잘된 듯하다.

황매는 향이 좋아 유난히 벌레가 꼬인다. 생견사의 촘촘한 눈을 뚫고 들어가는 데 실패했는지 왔다가 가는 날갯짓이 뜸해진다.

황매살과 천초, 생강채가 들어가 향도 빼어나고 생 천초 잎까지 더해 상하지 않게 해준다. 천초 잎은 자체로 싸두면 뜨거운 열에 그릇에 김이 서릴 정도로 열이 많이 난다. 생강, 천초, 매실이 소화를 돕고 몸을 따뜻하게 해주며 염증을 막아준다. 개운한 맛이 느껴져 비위가 약한 사람이 먹으면 속을 가라앉혀준다. 향과 맛 약리 작용까지 고루 만족시키는 특별한 과자다.

산사고방 1

향기로운 산사 과자

산사고(山査膏, 아가위설탕절임) 만들기 1(산사고방)

산동(山東) 지방에서 난 큰 산사(山査)는 껍질과 씨를 긁어 제거한다. 산사 1근 당 백당상(白糖霜, 백설탕가루) 4냥을 넣고, 빻아서 떡처럼 만들면 호박(琥珀)처럼 밝고 맑아진다. 여기에 다시 단향(檀香)가루 0.1냥을 더하면 향기롭고 맛있어서 상에 올릴 만하고, 게다가 오래 둘 수 있다. 《준생팔전》

山查膏方 1

山東大山查刮去皮核, 每斤, 入白糖霜四兩, 擣作餅, 明亮如琥珀. 再加檀屑一錢, 香美可供, 且可放久. 《遵生八牋》

재료: 큰 산사 600g, 백설탕 150g, 단향 가루 3.75g

만드는 법

1 큰 산사를 흐르는 물에 깨끗하게 씻는다.

2 큰 산사의 껍질은 긁거나 깎아 제거하고 씨를 파낸다.

3 분량의 설탕을 넣고 빻아서 떡처럼 만들어 쪄준다.

4 여기에 다시 단향 가루를 더한다.

5 원하는 모양으로 성형한다.

tip. 붉게 잘 익은 산사를 골라야 산사고의 빛깔도 곱다. 원문에는 쪄주는 과정이 나와 있지 않지만 설탕과 어우러져 호박처럼 밝고 맑게 하기 위해 한 번 쪄줬다.

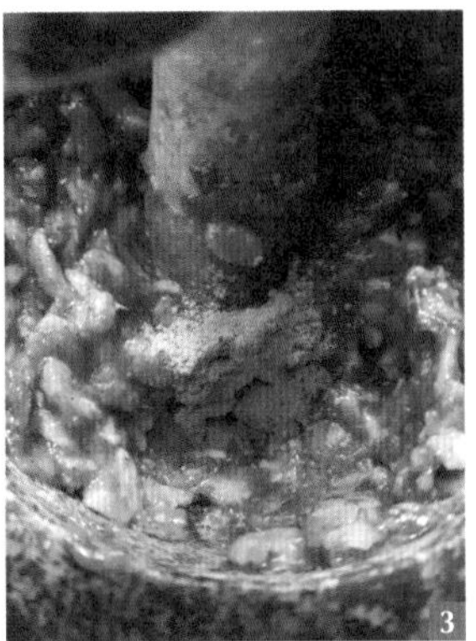

산사고는 설탕이 들어가고 여기에 단향 가루를 첨가해 향이 은은하면서도 단맛이 깔끔하다. 산사는 산에서 나는 작은 사과 모양의 과일로 모양도 예쁘지만, 소화를 돕고 혈액순환을 돕는 효능이 뛰어나 중국과 우리나라에서 약재로 귀하게 쓰였다. 산사춘은 산사를 넣어 소화를 돕고 혈액순환을 원활하게 하는 약성을 이용한 술이다. 또 산사는 연육 작용이 있어 고기를 재는 데 쓰이고 특히 육류의 지방이 잘 소화되도록 돕는다.

산사는 유럽이나 미국에서는 심장병, 이뇨제, 혈액순환 장애를 치료하는 약재로 쓰였다. 산사는 탱자나무처럼 가시가 있어 악을 막아주고 안전을 지켜준다고 믿어 서양에서는 울타리 나무로 심었다. 최근에는 산사 추출물이 스트레스와 우울증을 완화하는 효능이 있다고 밝혀졌다. 산사에는 피로 해소를 돕는 비타민 B, C는 물론 주석산, 포도당, 과당이 들어 있다. 또, 강력한 항산화 성분인 플라보노이드 성분이 들어 있어 염증을 막아주고 세포의 변종과 노화를 막아준다. 단향 가루는 장을 만들 때도 들어가는데 갈증 해소 효과가 있다. 단향 가루는 향나무 가루로 맛이 짜고 성질이 서늘하며 붉은색이 돌고 향이 은은하면서 부드럽다. 단향 가루가 들어가면 향도 좋지만 맛이 있어 상에 올릴 만하고 게다가 보관성도 향상된다.

세드롤(Cedrol), 피넨(Pinene) 등 정유 성분이 있어 향기가 강하고, 위를 편하게 해줘 토사, 곽란, 위경련을 멈추게 한다. 피부의 염증도 가라앉혀 준다.

산사고방 2

선명하고 붉은빛이 인상적인 그림

산사고(山査膏, 아가위설탕절임) **만들기 2**(산사고방)

다른 방법: 익은 산사를 문드러지도록 찐 다음 껍질과 씨 및 안의 흰 심줄을 제거한다. 이어 흰 과육을 무르게 찧은 뒤 산사가 시지 않을 때까지 백설탕을 더 넣는다. 여기에 백반 가루를 약간 더 넣으면 빛깔이 더욱 선명하고 곱다. 이를 대그릇에 넣고 쪘다가 굳으면 거두어 둔다. 이것으로 과자를 만들면 매우 맛이 있고, 소화도 잘된다.《군방보》

山査膏方 2

一法：取熟者蒸爛, 去皮核及內白筋, 白肉擣爛, 加入白糖, 以不酸爲度. 微加白礬末, 則色更鮮姸. 入籠蒸, 至凝定收之. 作果甚美, 兼能消食.《群芳譜》

재료: 익은 산사 600g, 백설탕 150g, 백반 가루 3g

만드는 법

1 익은 산사를 흐르는 물에 깨끗하게 씻는다.
2 익은 산사를 문드러지게 찐 다음 껍질과 씨, 안의 흰 심줄을 제거한다.
3 흰 과육을 무르게 찧은 뒤 산사가 시지 않을 때까지 백설탕을 더 넣는다.
4 여기에 백반 가루를 더 넣는다.
5 대그릇에 넣고 쪘다가 굳으면 거두어 둔다.

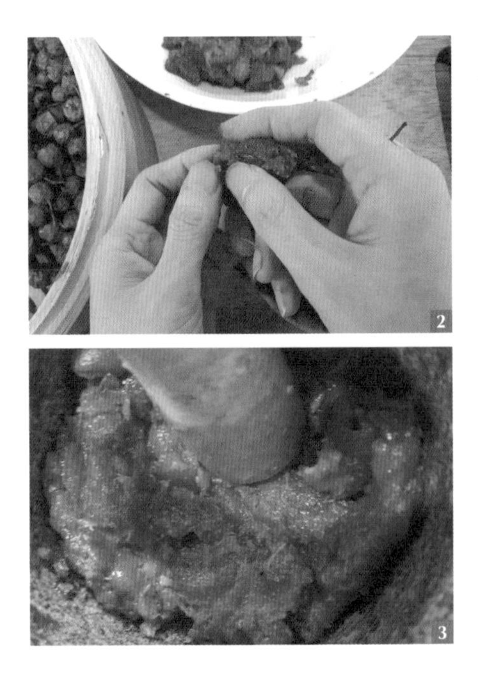

tip. 백반 가루는 사람이 먹을 수 있는 고백반을 넣는다. 공업용은 쓰지 않는다.

백반 가루는 매염제로 색을 안정시키고 빛깔을 더욱 선명하게 해준다. 백반 가루를 넣으면 산사의 빛깔이 투명하면서도 곱고 선명하게 피어오른다. 자홍빛 산사 빛깔이 고와 자연이 주는 오묘한 색상에 매료당하게 된다.
산사는 열매뿐만 아니라 5월에 피는 메이플라워(May Flower)라고 불리는 흰 꽃과 잎도 약재로 쓸 수 있는데 위액 분비를 촉진하고 항균 작용이 있어 산사 열매와 함께 말렸다가 차로 달여 마신다. 식후에 마시면 소화를 돕는 것은 물론 꽃향기가 흉격(胸膈)을 열어준다.
맛도 좋지만 소화도 잘되는 산사고는 과자 중에서도 고급 과자로 볼 수 있다. 〈정조지〉 권1 식감촬요(食鑑撮要)에 보면 다음과 같이 나와 있다.

* 산사는 음식을 매우 잘 소화시킨다. 만약 위장 속에 묵은 음식이 없거나 비장이 허하여 음식을 소화시키지 못해 식욕이 없는 사람이 많이 복용하면 오히려 비장과 위장의 생성하고 발동하는 기운을 크게 해친다. 《본초연의보유》

* 산사주는 그 맛이 달고 담박하며 사람을 취하지 않게 하고 식적(食積)을 매우 잘 삭혀준다. 《군방보》

연자전방

달고 상쾌한 영양의 정수, 씨앗과자

연자전(**蓮子纏**, **연밥설탕절임**) **만들기**(**연자전방**)

연씨살 1근을 푹 삶아서 껍질과 심을 제거한다. 박하상(薄荷霜) 2냥과 백당 2냥을 섞은 다음 연씨살을 감싸도록 전체에 묻힌다. 이를 불에 쬐어 말렸다가 상에 올린다. 살구씨·감람열매씨·호두는 이와 같이 만들 수 있다.【안 비자·개암·잣은 모두 이 방법에 따라 만들 수 있다.】《준생팔전》

蓮子纏方

用蓮肉一斤煮熟, 去皮心, 拌以薄荷霜二兩、白糖二兩, 裹身, 烘焙乾入供. 杏仁、欖仁、核桃, 可同此製.【案 榧子、榛子、海松子, 皆可倣此製.】《遵生八牋》

재료: 연씨살 100g, 백설탕 12.5g씩, 박하상 6g(박하상은 맛이 강해 6g으로 전체 씨앗에 다 넣음), 살구씨, 호두, 비자, 개암, 잣 20g씩

만드는 법

1 연씨살 1근을 삶아 물기를 빼고 껍질과 심을 제거한다. 설탕과 박하상 소량을 넣은 가루에 버무린다.

2 무쇠그릇에 굴려가며 말린다.

3 부족하면 다시 한 번 위 과정을 반복한다.

4 나머지 재료들도 같은 방법으로 설탕과 박하상 가루 옷을 입힌다.

tip. 마른 씨앗들은 무쇠팬에 설탕을 살짝 녹여 옷을 입힌다.

연자육은 맛이 고소해 밤 맛이 난다. 삶아서 백설탕과 박하상 가루를 입혀 불에 구워 말리면 달콤하고 시원한 맛이 더해져 훌륭한 과자가 된다.
소중한 씨앗을 모아 하나하나 옷을 입히는 재미가 쏠쏠하다. 만들어두면 잘 상하지 않고 영양도 많아 어린이들 간식으로도 그만이다.
차나 술상에 함께 내면 참 잘 어울린다. 설탕을 묻혀 건조하게 불에 말린 과자류는 벌꿀에 절인 과자류와는 달리 끈적하지 않아 재료 본연의 맛을 충분히 느낄 수 있다. 만들기도 쉽고 설탕 코팅이 안에 있는 재료의 색과 모양을 잘 지켜준다.
연밥은 연자, 연실, 연자육 등으로 불리는데 연꽃의 성숙한 씨앗으로 폴리페놀(Polyphenol)과 플라보노이드(Flavonoid) 같은 항산화 성분이 들어 있어 청열 해독 작용을 한다. 필수 아미노산인 메티오닌(Methionine)과 불포화지방산, 비타민, 무기질이 고루 들어 있어 강장 작용을 하며 특히 메티오닌은 면역력을 향상시킨다. 저항성 전분은 장내 환경을 개선하고 체중 감량에 도움이 된다.
박하상(薄荷霜)은 박하유를 증류, 냉각하여 얻은 고체를 정제하여 얻는다. 멘톨 향이 시원하며 소화불량이나 위염, 오심 등에 치료제로 쓰인다.

당전우방

연근을 수비드로 조리해 보면

당전우(糖煎藕, 연근설탕절임) 만들기(당전우방)

큰 연근 5근을 0.2척 길이로 자른 다음 또 더 잘게 자른 뒤 볕에 말려 물기를 없앤다. 여기에 설탕 5근, 금앵(金櫻)가루 1냥을 넣고 자기그릇 안에 같이 넣는다. 또 꿀 1근을 넣은 다음 진흙으로 잘 봉하고 자기그릇의 아가리를 닫는다. 뭉근한 불로 24시간 삶은 뒤 식으면 열어서 쓴다.《거가필용》

糖煎藕方

大藕五斤切二寸長, 又碎切之, 日曬出水氣. 入沙糖五斤、金櫻末一兩, 同入磁器內. 又入蜜一斤, 用泥緊封, 閉磁器口. 慢火煮一伏時, 待冷開用.《居家必用》

재료: 큰 연근 2개(531g), 설탕 500g, 금앵자 가루 6g, 꿀 120g

만드는 법

1 큰 연근은 껍질을 벗겨 6cm 길이로 자른 후 더 잘게 잘라 준비한다.
2 연근에 설탕과 금앵을 갈아 체에 친 가루를 넣고 버무려 단지에 담는다.
3 위에 꿀을 붓고 설탕을 좀 더 넣은 후 입구를 대껍질로 덮고 진흙으로 봉한 후 뚜껑을 덮고 8시간 정도 중탕으로 삶는다.
4 다 되면 식힌 후 입구를 열어서 그릇에 즙과 함께 낸다.

tip. 불은 중약불에서 끈끈하게 오래 둔다. 금앵은 딱딱하기 때문에 곱게 갈아 고운체에 내려 준비한다.

2

3

당전우는 연근으로 만든 과자 중 가장 품격이 느껴진다. 물기를 말린 연근에 설탕, 꿀, 금앵 가루를 넣고 밀봉해 뭉근하게 타는 불에 삶아 만든다. 연근에 금앵자 가루를 더해 오랜 시간 달이기 때문에 유효성분이 충분히 용출된다.

이 조리법은 밀봉하고 뭉근한 불에서 익히는 게 수비드 조리법과 비슷하다. 진공 상태에서 중탕으로 간접적으로 익히기 때문에 자체 수분이 천천히 나오고 설탕과 꿀의 삼투압이 서서히 일어나 색이 고르면서 은은하게 배어 있다. 금앵자 가루의 색과 향이 속까지 배어 윤기가 나지는 않지만 식감이 아삭하게 살아 있다. 재료 본연의 맛과 식감, 향을 최대한 살려준다. 조직도 연하고 즙에 절여진 모습이 김치 같기도 하다. 바랜 듯 절여진 모습이 세월의 깊이가 느껴진다.

금앵자 가루 향은 찔레꽃과 장미 향이 복합적으로 느껴지며 진하고 묵직한 게 인상적이다. 단지를 열어보면 보양식의 향이 올라온다. 연근의 모습이 윤기가 좌르르 흐르지는 않지만 고상하고 고매한 모습이다. 즙의 빛깔

역시 맑고 고요하며 투명하다. 뒷맛에서 쌉싸래한 신맛이 느껴진다. 입안에 침이 고인다.

좋은 연근은 들었을 때 묵직하고 잘라보면 기공이 꽃잎처럼 균형 잡혀 형성되어 있고 실도 많이 나온다.

장미과의 금앵자는 맛이 시고 수렴 작용이 있어 유정, 유뇨, 빈뇨, 대하를 치료하고 이질, 설사, 기침 등의 증상을 완화한다. 연근은 비타민 C가 풍부해 콜라겐(Collagen) 생성을 촉진해 피부미용에 좋다. 비타민 B군도 풍부해 당질의 대사를 돕는다. 연근의 실은 무틴(Mutin) 성분인데 위점막을 보호하고 간장과 신장을 튼튼하게 해준다. 연근의 폴리페놀 성분은 염증을 억제하고 식이섬유는 변비를 예방한다.

당소모과방 1

붉은 자줏빛, 생강 향이 조화로운 모과절임

당소모과(糖蘇木瓜, 차조기·모과설탕절임) **만들기 1**(당소모과방)
큰 모과 한 쌍은 껍질을 제거하고 썰어서 조각으로 만든다. 흰 소금 1냥에 햇차조기 잎 2냥을 깨끗이 씻고 볕에 말렸다가 잘게 썬다. 이를 모과와 잠시 함께 절인다. 껍질을 벗기고 채 친 생강 4냥, 설탕 20냥을 한곳에 다시 넣고 고루 섞은 다음 자기에 담는다. 이를 볕에 말리면서 다 마를 때까지 계속 고루 뒤집어 준다. 《거가필용》

糖蘇、木瓜方 1
木瓜大者一對去皮, 切作瓣. 白鹽一兩, 新紫蘇葉二兩淨洗, 曬乾細切, 同醃少時. 再入生薑去皮切絲四 兩、沙糖二十兩一處, 拌均, 磁器中盛. 日中曬乾, 時時抄均爲度.《居家必用》

재료: 큰 모과 2개(900g), 흰 소금 37.5g, 생강채 150g, 설탕 750g, 차조기 잎 75g

만드는 법

1 큰 모과 한 쌍을 껍질을 벗기고 썰어서 귤 날개 모양의 조각으로 만든다.

2 햇차조기 잎을 깨끗이 씻어 볕에 말렸다가 잘게 썬다. 모과와 소금, 차조기 잎을 함께 절인다.

3 껍질을 벗기고 채 친 생강, 설탕을 한곳에 다시 넣고 고루 섞은 다음 자기에 담는다.

4 볕에 말리면서 다 마를 때까지 계속 고루 뒤집어 준다.

당소모과는 차조기 잎, 설탕, 소금에 절이기 때문에 김치나 장아찌 담그는 것과 비슷한 저장 식품이다. 짠맛과 단맛이 조화를 이뤄 천천히 씹어 먹으면 향까지 충분히 느낄 수 있다. 차조기 잎을 넣어 모과에 고운색을 입히고 들어가 모과에 색이 들지만 보존성도 향상시킨다. 차조기는 자주색이 돌고 향이 좋으며 번식력도 뛰어나다.

차조기는 항염 효과가 있어 매실장아찌를 담글 때도 들어간다. 식중독균의 활동을 억제시켜줘 생선회를 먹을 때도 함께 먹으면 좋다. 베타카로틴, 칼륨, 리놀레산 성분은 풍부하여 혈액순환을 활발하게 해 순환기 질병을 예방해 준다. 또, 활성산소를 억제하고 세포의 노화를 막아 세포가 건강하게 유지되도록 돕는다.

모과에 생강 향과 차조기 빛깔이 배어 이 자체를 차로 우려먹어도 좋다. 서리가 내리기 전에 차조기 잎을 수확해 말렸다가 두고 사용하면 된다. 차조기는 잎의 끝이 길게 갈라진 것이 색이 훨씬 진하게 우러나온다.

* 모과의 떫은맛을 없애는 방법

홍시가 덜 익었을 때 딴 뒤, 바구니마다 모과 2~3개씩을 그 안에 넣어두는데 그 감이 모과의 기운을 얻으면 모과의 기운이 발동하여 홍시와 모과 모두 떫은맛이 없어진다. 紅柹摘下未熟, 每籃將木瓜三兩枚於其中, 柹得木瓜卽發而竝無澁味.《쇄쇄록 (瑣碎錄)》

〈정조지〉 권1 '식감촬요(食鑑撮要)' 감[柹] 중에서

tip. 너무 바짝 말리면 뻣뻣하기 때문에 모과가 휘어질 정도로 말린다.

당소모과방 2

쌀쌀한 가을 겨울 목 건강을 지켜 주는 환

당소모과(糖蘇木瓜, 차조기·모과설탕절임) 만들기 2(당소모과방)

모과환법(木瓜丸法, 모과환 만드는 법) : 모과를 얇게 저미고 불에 쬐어 말린 다음 돌절구에 빻아서 가루 낸다. 이를 설탕 가루·산초 가루·계핏가루와 섞고 졸인 꿀에 개어서 탄환 크기의 환(丸), 혹은 바둑돌 크기의 정(錠)으로 만든 뒤 음지에서 말려 갈무리해 둔다. 《옹치잡지》

糖蘇、木瓜方 2

木瓜丸法 : 木瓜薄削焙乾, 石臼擣爲屑. 同沙糖屑、椒·桂屑, 煉蜜和作彈子大丸, 或棊子大錠, 陰乾收貯. 《饔饎雜志》

재료: 모과 1개 413g(모과 가루 35g), 설탕 가루 30g, 산초 가루 2g, 계핏가루 2g, 졸인 꿀 50mL

만드는 법

1 모과의 껍질과 속을 제거하고 얇게 저민다.

2 불에 말린 후 돌절구에 빻아 부순 다음 갈아서 가루로 만든다.

3 설탕 가루, 산초 가루, 계핏가루, 졸인 꿀에 개어서 탄환 크기의 환, 혹은 바둑돌 크기의 정으로 빚는다.

4 음지에서 말려 갈무리한다.

tip. 고운 가루를 원하면 체에 내려 쓴다.

환을 만들면 복용이 쉽고 보관과 휴대가 용이하다. 모과가 소량이라 다소 거칠게 빻아졌지만 분쇄기에 넣고 곱게 가루 내면 만들기가 더 쉽다. 가루 재료를 먼저 섞은 다음 꿀을 넣으면서 반죽한다.

산초는 맛이 맵고 몸을 따뜻하게 해주어 배가 차서 생기는 복통이나 이질, 설사에 잘 듣는다. 또, 강력한 살충, 항균 효과가 있어 각종 피부의 염증을 완화시켜 준다. 산초는 조선시대에 과자, 떡, 김치, 포 등 다양한 요리에 향신료로 즐겨 사용됐다. 독특한 향과 식품의 보존성을 높여주고 배 속을 따뜻하게 해서 음식이 잘 소화되게 돕는 천연 소화제 역할을 했다.

계피 역시 몸의 냉증을 개선해 줘 소화가 잘되고 혈액순환이 잘되게 해준다. 체온이 올라가면 면역력이 개선돼 바이러스와 싸우는 힘이 생긴다. 방향 성분 역시 중추신경계에 작용해 신경을 안정시켜 주고 긴장을 완화시켜 준다.

모과, 산초, 계피 향이 어우러져 소화를 돕고 몸의 체온을 올려주는 모과환은 소화 및 감기 예방에 효과적이다. 평소에 몸에 열이 많은 사람은 많은 양을 섭취하면 안 된다. 신맛이 침샘을 자극해 하루에 1~2정 정도 먹으면 식욕부진에도 도움을 준다.

형개당방

상쾌하고 화한 맛이 입안 가득

형개당(荊芥糖, 형개설탕절임) 만들기(형개당방)

형개(荊芥)의 잔가지를 꽃송이처럼 묶고 당로(糖滷)를 한 겹 입히고, 참기름을 한 겹 입힌 뒤 불에 쬐어 말려서 쓴다. 《준생팔전》

荊芥糖方

用荊芥細枝扎如花朵, 蘸糖滷一層, 蘸芝麻一層, 焙乾用.《遵生八牋》

재료: 형개 1뿌리 전체, 당로 200mL, 참기름 50mL

만드는 법

1 형개의 잔가지를 꽃송이처럼 묶는다.

2 당로를 한 겹 입힌 후 참기름을 입혀 불에 쬐어 말려 쓴다.

tip. 당로가 잘 입혀지지 않은 부분은 마른 뒤 다시 한 번 반복해서 발라준다.
질긴 가지 부분은 사용하지 않는다.

⟨8⟩ 형개 이야기

꿀풀과 식물인 형개는 풍부한 플라보노이드(Flavonoid), 페놀화합물(Phenolic compound) 등의 항산화 성분이 들어 있어 아토피 같은 피부염에 도움을 준다. 정유 성분도 있어 향기가 진하며 말려 차로 마시면 해열작용을 해 감기에 걸렸을 때 좋다. 1800년대 중엽에 지어진 것으로 추정되는 《군학회등(群學會騰)》에 보면 형개는 머리와 눈을 맑게 한다고 나와 있다.

형개는 그냥 앞줄기의 향을 맡으면 다른 허브와 달리 크게 향이 느껴지지 않는다. 자주 만지다 보면 손에서 특유의 향이 약하게 난다. 잎을 떼어 씹으면 그제서야 민트 향과 맛이 화하게 입안 가득 퍼진다. 살짝 매운 맛도 느껴져 향신 허브로 활용가치가 크다. 설탕의 단맛과 잘 어울리며 두고 씹어 먹으면 텁텁한 입맛을 정리해주고 입냄새를 없애준다.

형개는 아는 사람이 거의 없어 뿌리까지 전초를 어렵게 구해 택배로 받았다. 잎이 작아 로즈메리 느낌도 나고 향이 어떨지 기대가 된다. 첨가물도 없고 허브 자체가 주인공이 되는 제법이 마음에 든다.

형개당방은 형개의 잔가지 모양을 그대로 살려 만들어 자연스러운 모습이 보기 좋다. 카모마일, 로즈메리, 페퍼민트 등 서양의 허브는 많이 알려지고 보급도 많이 되었는데 우리 산하에서 크는 토종 허브에는 도리어 무관심하다. 곁에 있으면 소중함을 잊기 마련이다.

형개는 박하나 소엽, 들깨, 방아, 백리향처럼 독특한 정유 성분을 가진 허브류다. 단독으로 있는 것보다는 무리 지어 있으면 경관 작물로도 훌륭하다. 형개를 부케가르니처럼 면실로 묶어 부드러운 단맛이 나는 당로를 입혀 시들지 않게 해준다. 설탕 시럽에 우유나 계란 흰자를 넣고 졸인 당로가 코팅제 역할을 해준다. 여기에 참기름을 다시 한번 입히고 불에 쬐어 말리면 참기름의 향이 불 향과 함께 스민다. 당분과 유분이 만나 갈색으로 변하면서 표면에 설탕 결정이 형성돼 민트 향을 간직한다. 입 안에서 침과 함께 설탕 결정이 녹으면서 민트 향이 목 안에 퍼진다. 어떤 허브든 좋아하는 것을 준비해 허브 부케가르니를 만들어 당을 입히고 원하는 오일을 입혀 응용해 볼 수 있다.

당전비방

고고한 선비를 닮은 과자

당전비(**糖纏榧**, 비자설탕절임) **만들기**(당전비방)
비자(榧子)는 껍질을 제거하고 설탕을 입힌다. 《화한삼재도회(和漢三才圖會)》

糖纏榧方
榧子去殼, 以沙糖爲衣. 《和漢三才圖會》

재료: 비자(생열매 기준) 300g, 설탕 2가지[흰 설탕 70g, 중백당 30g(불리는 용 설탕 30g, 물 2컵)], 물 30mL

만드는 법

1 비자는 겉껍질을 벗겨 볕에 충분히 말린다.
2 마른 비자 열매의 딱딱한 껍질을 깬다.
3 속씨를 설탕물에 불렸다가 건져 물기를 뺀다.
4 열매를 달궈진 팬에서 천천히 볶는다.
5 껍질이 갈라질 때까지 볶고 뜨거울 때 천으로 비벼 껍질을 벗긴다.
6 나머지 껍질도 칼로 벗겨내서 준비한다.
7 설탕과 물을 넣고 진한 시럽을 끓여 여기에 비자를 넣고 굴린다.
8 건져서 중백당에 굴리고 다시 한번 시럽에 넣고 버무리면서 남은 중백당을 다시 한번 입힌다.

6

8

귀한 비자를 과자로 만들어 오랫동안 곁에 두고 먹기 위해 설탕을 입혔다. 작은 비자 열매를 하나하나 손질하는 과정이 흡사 보석을 세공하는 것 같다. 비자의 향에 취해 껍질 속에 담긴 향기로운 열매의 속껍질 벗기고 다듬어 설탕 입자를 입히는 과정에 빠져들게 된다. 일본의 감납두와 비슷한 느낌인데 열매 그대로의 모습과 식감을 해치지 않고 최대한 오래 보관할 수 있는 방법이다.

비자 열매는 남쪽 지방에서만 나와 귀한데 설탕 역시 귀하기 때문에 당전비 역시 귀한 과자다. 이 작고 귀한 과자는 틀림없이 먹는 사람에게 지극한 정성을 통해 보여줄 수 있는 최고의 환대를 의미했을 것이다. 첫맛은 설탕 덕분에 달지만 고소하고 쌉싸래한 뒷맛까지 충분히 음미할 수 있어야 당전비의 참맛을 즐길 수 있다. 아이들보다는 어른들에게 적합한 고급 과자다. 비자를 볶아 보면 기름이 도는데 〈정조지〉 권6 미료지류(味料之類) 편에 보면 비자유로 여러 과실과 두부를 지지면 향과 맛이 참기름보다 낫다고 나와 있다. 대부분의 종자유가 참기름만 못한데 비자유의 풍미는 다른 종자유보다 빼어나다는 말에 수긍이 간다.

비자는 스스로 향기를 품어 벌레는 멀리 가게 하지만 허리 숙여 줍는 사람에게는 자신의 참모습을 보여준다. 윤선도(尹善道)의 해남 윤씨 가문 녹우당의 비자강정은 이 집안만의 내림음식이다. 비자는 벼슬길을 떠나 은거하면서도 자신의 뜻을 잃지 않았던 고고한 선비를 닮은 열매이기 때문이다.

tip. 시럽은 잘 끓어 고르게 기포가 형성될 때까지 끓인다. 120도에서 130도 정도를 유지한다. 150도가 넘으면 시럽이 탈 수 있어 주의한다. 설탕의 농도는 원하는 대로 조절한다.

⑨ 비자 이야기

비자 나무는 제주도나 전남 해안가, 백양사 부근에서 군락을 이루고 있다. 북쪽으로 더 올라가면 자라지 못한다. 비자나무는 습한 곳을 좋아하는데 성장 속도가 느리고 나무는 15m까지 자라 예로부터 귀한 목재로 쓰였다. 고급 바둑판을 만들려고 비자나무를 지나치게 많이 바치게 해 백성들이 힘들어했다는 이야기가 나올 정도였다.
비자나무는 잎 끝이 바늘처럼 뾰족하고 날카로워 침엽수나 구상나무 잎을 닮았다. 백양사 비자나무는 갈참나무, 은행나무와 어우러져 자라고 있다. 비자나무 가까이 가자 천상의 과일 향이 진동한다. 농익은 오렌지의 풍부한 과즙 향이 감탄을 자아낸다. 금방이라도 과즙이 터질 것 같은 달콤한 오렌지 향내가 숲길을 가득 채우고 있다. 가을이 깊어가는 백양사 산책로에는 습한 날을 기뻐하는 개구리들이 여기저기서 튀어나와 길을 재촉하느라 바쁘다.

매끄러우면서 올리브를 닮은 녹색의 비자나무 열매가 발밑에서 밟혀 터진다. 크넬(Quenelle) 모양의 비자나무 씨가 속살을 드러낸 채 길바닥에 떨어져 있다. 은행, 도토리, 감, 비자나무 열매까지 가을 산은 열매들이 점점이 만든 아름다운 컬러들로 가득하다.

비자는 구충 작용이 있고 먹으면 피부를 매끄럽게 해줘 화장품의 원료로도 쓰이며 고산 윤선도의 종가에서는 귀한 비자강정을 만들어 두고 손님들에게 대접했다고 한다. 내림음식으로 손이 많이 가고 만들기도 번거롭지만 조금도 종부의 손에서 만들어지고 있다.

비자의 영양: 아이가 태어나면 의사로 키우려 하지 말고 집안에 비자나무를 심으라는 말이 있을 정도로 비자는 유익한 열매다. 비자나무 근처에는 벌레가 없다고 한다. 타닌산(Tannic acid), 카야플라본(Kayaflavone), 토레욜(Torreyol) 등이 함유되어 있어 구충제나 치질 치료제로도 쓰인다. 비자 열매는 피부 진정 및 염증을 완화시켜줘 화장품의 원료로도 쓰인다. 임산부는 자궁수축 작용이 있어 먹으면 안 된다.

당전감방

입안을 깔끔하게 정리해 주는 묘약

당전감(糖纏柑, 유감설탕절임) 만들기(당전감방)

유감(乳柑)은 속을 제거하고 껍질을 썬 다음 설탕을 입힌다. 이것을 '달마은(達磨隱)'이라 한다. 【달마가 9년 동안 면벽 수련한 뜻을 취한 것이다.】 일반적으로 산초·생강·귤피(귤껍질) 같은 따위는 모두 이 제법을 기준으로 삼는다.

또 불수감(佛手柑)과 천문동·동아와 같은 종류는 모두 설탕에 담가 과자(果子)를 만들 수 있다. 다만 오래 두어도 상하지 않게 하려면 석회수에 하룻밤 담갔다가 회를 제거한 다음 볕에 깨끗하게 말리고 나서야 설탕에 담근다.

혹은 바로 석회를 뿌리는 방법도 있는데, 이 방법은 잘 헤아려 판단해야 한다. 《화한삼재도회》

糖纏柑方

乳柑去瓤切皮, 以沙糖爲衣, 名"達磨隱". 【用九年面壁之義】凡山椒、生薑、橘皮之類, 皆準此製.

又佛手柑、天門冬、冬瓜之類, 皆可漬沙糖爲果子. 但爲久留不敗, 浸石灰水一夜, 去灰曬淨, 始漬以糖.

或有直以石灰糝撒者, 宜勘辨之. 《和漢三才圖會》

재료: 유감(댕유자) 3개, 설탕 120g,(산초 15g, 생강 150g, 귤피 20g), (불수감 3개, 천문동 100g, 동아 400g), 석회수 적당량

만드는 법

1 유감의 속을 제거하고 껍질을 자른다.

2 설탕을 입힌다.

3 다른 재료도 위와 같이 한다.

tip. 오래 두어도 상하지 않게 하기 위해 석회수에 하룻밤 담갔다가 회를 제거하고 볕에 말린 다음 설탕에 담근다. 말리면서 껍질에 수분이 생기면 설탕을 더해준다. 쓴맛을 줄이려면 껍질 표면을 살짝 긁어내고 뜨거운 물에 데친다. 불수감과 천문동, 동아로도 당전감을 만들었다.

2

3

재료: 동아 400g, 석회 가루 10g, 설탕A 80g, 물 80mL, 설탕B 30g

만드는 법

1 동아는 오래 두어도 상하지 않게 하려면 석회수에 하룻밤 담갔다가 회를 제거한다.
2 볕에 말린 다음 분량의 설탕과 물을 넣어 달인 시럽에 넣고 졸인다.
3 다시 한번 말린 후 설탕을 뿌린다.

tip. 동아는 조직이 무르고 수분량이 많아 설탕 코팅 막을 입힌 다음 가루 설탕을 입힌다. 너무 지나치게 건조하면 식감이 좋지 않다.

동아는 생으로 먹어도 당질이 있어 약한 단맛이 난다. 무기질 중에 칼륨 함량이 높아 부종을 빼주며 식이섬유가 들어 있고 칼로리가 낮아 체중 감량에 도움 준다. 비타민 C와 수분 함량 또한 높아 피부의 탄력을 유지시켜 준다. 고온다습한 환경에서 잘 크고 표면에 하얀 분말이 생길 때가 수확 적기다. 조리법에 따라 다양한 맛을 낼 수 있는 장점이 있다.

천문동은 덩이뿌리로 찌면 쉽게 껍질이 벗겨진다. 기침을 완화시키고 가래를 없애주며 비타민과 무기질이 고르게 들어 있어 피로회복과 자양강장 효과가 있다.

댕유자는 일반유자보다 크기가 크고 쓴맛이 나지만 제주 사람들은 감기예방을 위해 차로 즐겨 끓여 먹는다고 한다.

당전을 만들 때 과실을 쪄서 만든다고 했으나 〈정조지〉 속 제법은 찌지 않고 만든다. '전(纏)'은 '얽는다, 감는다'는 의미로 설탕을 입히면 표면의 광택이 실처럼 보이거나 설탕의 당분이 실처럼 과실을 묶은 듯 보이는 현상을 표현한 것 같다.

예산 보덕사 극락전 단청에 그려진 불수감

불수감

불수감(佛手柑)은 부처의 손가락을 닮은 독특한 외향이 특징이다. 과피 속에 과육이 없어 유자에 가깝다. 가래를 삭혀 주며 기관지 천식에 좋고 소화가 잘되게 돕는다. 과피에서 나는 시트러스 향의 오일은 면역력을 증강시켜 주고 우울증을 완화시켜 준다.

조선시대에는 밀화로 만든 불수감 노리개나 비녀가 만들어졌다. 다남(多男), 다복(多福), 다수(多壽)의 삼다(三多)를 상징하는 과실이 복숭아, 석류, 불수감이다.

불수감의 '불(佛)' 자가 '복(福)' 자와 비슷해 복의 상징으로 여겼다. 밀화 불수감은 여인들이 몸에 지니는 장신구로 쓰여 복을 원하는 바람을 잘 보여 준다. 이런 불수문은 옷, 침구, 가구 장식이나 도자기 등에 두루 쓰였다. 불수감은 맑은 향기 덕분에 불교의 상징적인 무늬로 여겨져 옛날에는 불수감 문양이 불교 건축에 쓰였다.

불수감에는 카로틴, 비타민 B2, 엽산, 판토텐산, 칼륨 같은 영양소가 고르게 들어 있다.

당두방

찬바람에 얼다 녹다 부드러운 콩과자

당두(糖豆, 콩설탕절임) **만들기**(당두방)

겨울 12월에 메주콩을 양에 관계없이 아침 일찍 맑은 물로 깨끗이 일어낸다. 오전에 콩에 뜨거운 물을 뿌리고 대나무 체 안에 고루 편 뒤 마당 노천의 공터에 내놓는다. 이렇게 4~5일간 얼리되 서리나 눈이 내려도 거두거나 덮을 필요는 없다.

콩이 완전히 얼면 노구솥에 넣고 푹 볶다가 밀가루풀과 백설탕을 섞는다. 이때 푹 볶은 콩을 뜨거운 채로 고루 섞어 자기 항아리에 거두어 넣으면 가장 향기롭고 맛있다. 12월에 볶은 것은 오래 두어도 상하지 않을 수 있지만 다른 달에 볶은 것은 오래 둘 수 없다. 설탕의 양은 사람이 편한 대로만 한다. 항아리 덮개를 반드시 단단히 막아 공기가 통하지 않게 한다. 다만 조금이라도 공기가 통하면 콩이 연하거나 향기롭지 않다. 《다능집(多能集)》

糖豆方

冬天臘月間, 以大豆不拘多少, 先早以清水淘淨. 午上用滾熱水淋過, 放竹篩內鋪均, 放天井露天空處.

凍四五日, 雖有霜雪, 不必收蓋. 凍透下鍋炒熟, 用麪糊和白糖. 將炒熟豆, 乘熱拌均, 收入磁罐, 最香美. 臘月間炒的能久收不壞, 別月不能久收. 糖之多少, 只由人便. 罐切蓋緊, 勿走氣. 但一走氣則不脆香. 《多能集》

재료: 메주콩 200g, 밀가루 15g, 물 110mL, 백설탕 80g, 산초 가루 1g, 소금 1.8g, 회향 1.0g

---

만드는 법

1 겨울 12월에 메주콩을 아침 일찍 맑은 물로 깨끗이 일어 낸다.

2 오전에 콩에 뜨거운 물을 뿌리고 대나무 체 안에 고루 편 뒤 마당 노천의 공터에 내놓는다.

3 4~5일간 서리나 눈이 내려도 거두지 말고 얼도록 내버려둔다.

4 콩이 완전히 얼면 노구솥에 넣고 달달 볶다가 끓여둔 밀가루 풀과 백설탕을 섞는다.

5 이때 충분히 익은 콩을 뜨거운 채로 고루 섞고 산초 가루, 소금, 회향 가루를 더하여 자기 항아리에 거두어 둔다.

tip. 자기 항아리를 밀봉해 두어야 콩이 연하고 향기로우며 오래 보관할 수 있다. 설탕의 양은 원하는 대로 넣는다. 12월에 콩을 볶아야 오래간다.

산초 가루, 소금, 회향 가루를 넣은 오향당두는 그 맛이 더욱 빼어나다.
12월 엄동설한에 영양 많은 메주콩으로 과자를 만들면 겨울철 부족한 단백질을 손쉽게 보충할 수 있었다. 메주콩을 씻은 뒤 뜨거운 물을 뿌리면 콩이 수분을 빠르게 흡수한다. 추운 기온에 방치하면 얼었다 녹았다를 반복하며 콩 속이 부드러워진다. 매서운 추위를 맞으며 서 있는 노란 황태를 떠올리면 된다. 언 채로 볶으면 금세 부드러워진 콩이 충분히 익어 고소한 맛이 배가된다. 밀가루풀은 접착제 역할을 하고 산초와 회향 같은 향신료를 넣으면 보존성을 올려주면서도 상쾌함과 개성을 만들어 준다.
콩에 들어 있는 사포닌(Saponin) 성분과 이소플라본(Isoflavone) 성분은 중년 여성의 혈관 건강에 도움을 준다. 부족한 여성 호르몬을 보충해 줘 우울증과 골다공증을 예방해 준다. 콩의 다소 단조로운 맛과 뜬 냄새를 회향이 잡아준다. 회향은 중년 여성들의 갱년기 증상을 완화해 주고 소화를 촉진시키며 비만을 방지해 줘 여성을 위한 허브라고 할 수 있다. 회향의 독특한 향 때문에 영국에서는 회향 다발을 걸어두면 귀신이 침범하지 못한다고 전해진다. 머리맡에 두면 숙면을 유도한다고 하니 여러모로 유용하다.
오향당두는 적당하게 씹는 맛이 있어 두뇌에도 좋은 자극이 될 수 있다.

사당원방

시원하고 청량한 민트 향의 소화제

사당원(砂糖元, 약용설탕) 만들기(사당원방)

사당원은 비장과 위장을 조리(調理)한다. 설탕 1냥을 가루 내어 축사(縮砂)가루 0.1냥, 꿀 조금을 넣고 고루 섞는다. 설탕반죽 1냥이 들어간 반죽마다 30개의 환으로 만들어 잘게 씹어 삼킨다. 오미자 과육 가루 0.05냥을 더하면 더욱 좋다.《동의보감(東醫寶鑑)》

砂糖元方

調理脾胃, 沙糖一兩作屑, 入縮砂末一錢、蜜少許和均. 每兩作三十丸, 細嚼嚥下. 加五味子肉末半錢尤好.《東醫寶鑑》

재료: 설탕 37.5g, 축사 가루 3.75g, 오미자 과육 가루 1.875g, 꿀 25mL

만드는 법

1 덩어리진 설탕을 가루 낸다.

2 축사 가루와 오미자 과육을 가루를 만든다.

3 꿀을 조금 넣고 30여 개의 환으로 만든다.

4 잘게 썰어 먹는다.

tip. 환은 그늘에서 말린다. 가루는 빻아서 다시 한 번 고운체에 내려 사용한다.

사당원은 《동의보감(東醫寶鑑)》에 나와 있는 처방전이다. 사당원은 "비장과 위장을 조리한다."라고 했는데 옛날에는 술을 많이 마시거나 밥을 먹지 못할 때 설탕물을 타서 마셨다. 배가 아파도 설탕을 집어 먹었다. 조미료이면서 동시에 약으로도 쓰였다.

사당원에 들어 있는 축사, 오미자, 설탕, 꿀 모두 비장을 다스리고 소화를 돕는 역할을 한다. 특히 축사는 빻는 순간 시원한 멘톨 향이 가득한데, 베트남, 태국, 캄보디아 같이 따뜻한 나라에서 주로 난다. 디캄폴(D-camphor) · 디보네올(D-boneol) · 보닐아세테이트(Bornylacetate) · 리나롤(Linalol) · 네롤달(Neroldal) 같은 정유 성분이 풍부하고 따뜻한 성질을 가지고 있어 소화가 잘되게 도와준다. 배가 차서 생기는 설사, 이질, 복통에 잘 듣고 식욕이 없을 때 식욕을 돋워준다.

오미자는 단맛, 신맛, 쓴맛, 짠맛, 매운맛 5가지를 가지고 있다. 시잔드린(Schisandrin) · 고미신(Gomisin) · 사과산[Malic acid] · 시트르산(Citric acid)이 들어 있어 심장을 강하게 해주어 혈액순환이 잘되게 한다. 신맛이 있어 소화를 촉진하고 피로해소를 도와준다.

환을 만들 때 꿀을 조금씩 넣으면서 만들어야 적당한 점도를 느낄 수 있다.

첨식
(甜食, 당로를 이용한 음식)

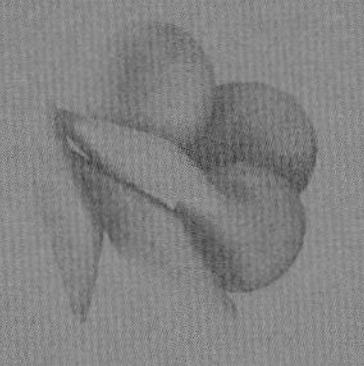

《임원경제지》〈정조지〉 권3 과정지류(菓飣之類) 당전과 편에 부록으로 실려 있는 첨식에 "당로(糖滷)를 밀가루에 넣고 반죽하여 만드는 음식을 중국 사람들은 '첨식(甜食)'이라고 부른다."라고 하며 향당(饗糖)이나 유당(乳糖) 등의 과자에 속하는 것을 당전과(糖纏菓)의 아래에 모았다.

혀끝을 간질이는 온도의 과학

'첨(甜)' 자의 사전적 의미는 "꿀이나 설탕의 맛과 같이 달다. 기분이 좋고 즐겁고 행복하다. 곤히 자다."로 정리되어 있다. 단것을 먹어 혀를 즐겁게 해주고 기분을 좋게 해주는 음식을 '첨식(甜食)'이라고 한다. 밀전과(蜜煎菓)와 당전과(糖纏菓)가 주로 과일이나 뿌리식물을 활용해 꿀이나 설탕에 절여 단 음식을 만들었다면 첨식 편에서는 주로 중국과 일본의 가공된 단 과자들이 소개되어 있다.
당로와 볶은 밀가루를 반죽해 만드는 음식을 첨식이라고 하는데 향당이나 유당류를 당전과 밑에 넣어 설탕 과자 중 한 가지로 다뤘다. 과일이 풍부하게 나는 남쪽 지방에서는 과일류를 활용한 과자가 많은데, 과일 없이 밀가루를 수유, 설탕, 당로와 반죽한 과자류는 달고 부드러우며 캐러멜 향이 나서 풍미가 빼어나다. 와사(窩絲, 꿀타래)는 당로의 성질을 활용해 실 모양으로 가공해 만든 흥미로운 과자다. 당로와 벌꿀을 졸인 액을 활용해 만든 메밀 강정도 설탕의 성질을 잘 활용한 과자다. 쉽게 상하지 않으면서 혀끝을 만족시키기 위해 형태와 촉감, 온도를 고민해 만든 과학적인 과자들이다.

일본의 첨식은 섬세하고 촉촉한 전분 가루의 특성이 잘 살아나도록 수유나 당로를 쓰지 않고 떡과 엿의 제조법을 활용했다. 시간은 오래 걸리지만 찹쌀 즙, 전분 가루를 섞어 오래 달이는 제법은 과편처럼 부드럽고 쫄깃하면서 격조 있는 단맛을 표현해준다. 오래 달이고 충분히 식히는 과정에서 점성이 생기고 소화도 잘되는 곡물 젤리가 만들어진다. 단맛 속에 칡 특유의 향과 쌉쌀한 맛이 들어가 개성을 만들어 준다. 가수저라는 포르투갈에서 들어온 카스텔라로 설탕이 많이 들어가 보존성을 올려주고 반죽을 부드럽게 부풀려주며 먹음직스러운 갈색을 만들어 준다. 설탕의 성질을 활용해 당과류를 만드는 여러 가지 방법은 설탕공예의 세계를 잘 보여준다. 우리나라의 형형색색 알록달록 아름다운 사탕류는 회갑연이나 혼례 등 각종 잔칫상에 올라 잔치의 즐거운 분위기를 잘 살려줬다.

기당로법

부드럽고 매끈한 우윳빛 시럽

당로(糖滷) 만들기 1(기당로법)

준생팔전 일반적으로 첨식을 만들 때는 먼저 당로부터 만드는데, 이는 내부(內府, 궁중)의 비법이다. 백설탕 10근【혹 양을 임의대로 하지만 지금은 10근을 기준으로 한다.】을 이동식 부뚜막에 건 큰 노구솥에 넣는다. 먼저 찬물 2.5국자를 넣는데, 만약 국자에 들어가는 물이 적으면 백설탕이 상대적으로 많게 되므로 노구솥 안에 적당히 물을 더한다. 이를 나무주걱으로 휘젓고 부수면서 약한 불에 한 번 끓인다.

우유를 따로 물 2국자에 섞어 타 놓는다. 만약 우유가 없으면 계란 흰자를 물에 타도 좋다. 단 설탕이 끓어오를 때 바로 우유나 계란 흰자를 타고, 땔나무를 빼서 불기를 없앤다. 노구솥을 덮어 그대로 두었다가 밥 한 끼를 먹을 시간이 지나면, 뚜껑을 들어서 노구솥을 열어 놓는다.

이 상태에서 부뚜막 안의 한쪽 부분에만 불을 피운다. 불 피운 쪽 부분에서 끓기를 기다렸다가 끓기만 하면 즉시 바로 우유나 계란 흰자 섞은 물을 탄다. 몇 차례 끓어오를 때 이와 같이 우유나 계란을 탄다. 백설탕 안의 거품 찌꺼기들이 끓어 솥 한쪽에 모이면 구멍 난 국자[漏杓, 누표]로 거품 찌꺼기들을 떠낸다. 노구솥 가에 낀 끓은 거품은 또 솥에 눌어붙을 염려가 있으므로 부엌솥을 앞에서 섞어놓은 우유 물이나 계란물에 적셔서 자주 쓸어내린다.

두 번째로 다시 끓은 거품 찌꺼기가 한쪽에 모이면 구멍 난 국자로 떠낸다. 세 번째로는 센 불을 쓴다. 이때는 맹물을 끓는 곳에 탄다. 그러면 거품과 우유가 끓을 때 한쪽으로 모인다. 밥 한 끼를 먹을 시간이 지나 거품을 떠내 깨끗하게 하고, 시커먼 거품이 다 제거되어 흰 거품만 보여야 좋다. 이를 깨끗한 면포로 걸러서 병에 넣는다.

起糖滷法 1

遵生八牋 凡做甜食, 先起糖滷, 此內府秘方也. 白糖十斤【或多少任意, 今以十斤爲率.】, 用行竈安大鍋, 先用涼水二杓半. 若杓少糖多, 斟酌加水在鍋內. 用木爬攪碎, 微火一滾.
用牛乳另調水二杓點之. 如無牛乳, 鷄子淸調水亦可. 但滾起卽點, 却抽柴息火, 蓋鍋悶一頓飯時, 揭開鍋.
將竈內一邊燒火, 待一邊滾, 但滾卽點. 數滾如此點之, 糖內泥泡沫滾在一邊, 將漏杓撈出泥泡, 鍋邊滾的沫子 又恐焦了, 將刷兒蘸前調的水頻刷.
第二次再滾的泥泡聚在一邊, 將漏杓撈出. 第三次用緊火將白水點滾處, 沫子、牛乳滾在一邊聚. 一頓飯時, 沫子撈得乾淨, 黑沫去盡, 白花見方好. 用淨綿布濾過入瓶.

재료: 설탕 600g, 물A 100mL, 우유 130mL, 물B 10mL, 물C 70mL

만드는 법

1 설탕에 물을 넣고 녹여가며 끓인다.
2 우유에 물을 넣어 1에 천천히 붓는다.
3 끓어오르면 불을 끄고 뜸을 들인다.
4 다시 끓여 찌꺼기와 거품을 제거한다.
5 3번째는 찌꺼기를 걷고 물을 조금 부어가며 센 불로 끓인다.
6 불을 끄고 20분 후 거품을 떠내 깨끗하게 한다.
7 면포로 즙을 걸러서 병에 넣는다.

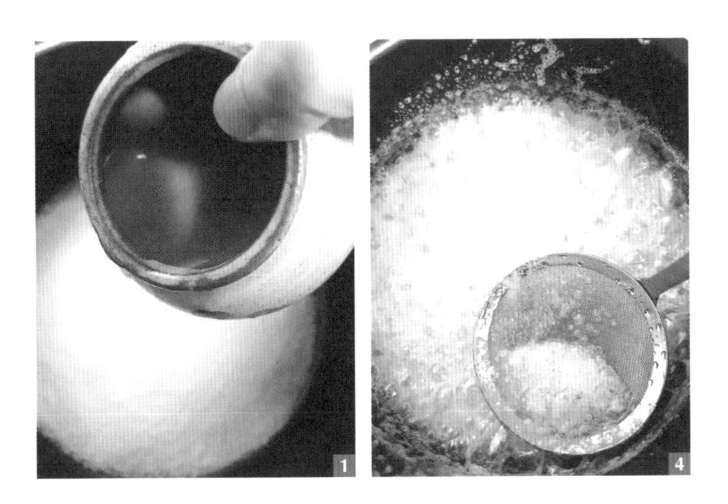

tip. 당로를 끓일 때 끓어 넘치기 쉬우므로 주의해야 한다. 물과 우유의 양은 불 세기에 맞춰 가감한다. 면포는 발이 고운 것으로 준비한다.

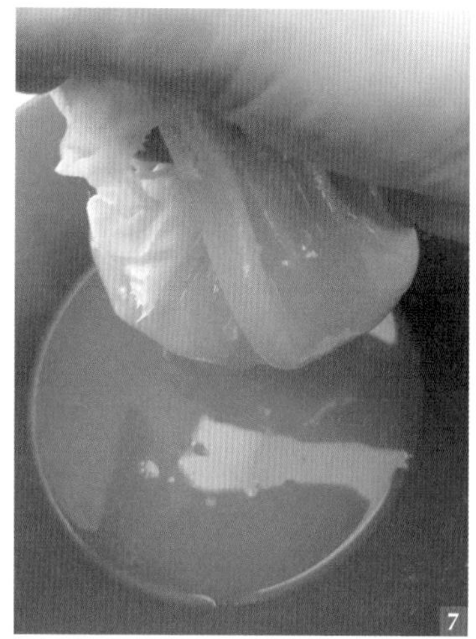

당로는 우유나 계란 흰자를 넣고 끓여 만든 설탕 시럽으로 연유처럼 달고 매끄러워 과자를 촉촉하고 풍미 있게 해준다. 찬물에 설탕을 넣고 녹여 가며 한 번 끓으면 우유를 넣고 끓어오르면 불을 끄고 차례로 거품을 제거하는 등 당로 만드는 법을 상세하게 기술하고 있다. 맑고 순도 높은 당로를 얻기 위해 수시로 거품을 걷어내고 마지막에는 센 불을 쓰는 등 불 조절을 잘해야 한다. 끓는 거품은 솥에 눌어붙을 염려가 있어 우유 물이나 달걀물을 두고 솔을 적셔 자주 쓸어내리도록 한다. 당분이 있어 타서 눌어붙으면 잘 떨어지지 않고 지저분한 검댕이 들어갈 수 있어 그릇의 가장자리가 탈 수 있기 때문이다. 철망 국자인 누표를 써서 거품을 걷어낸다.

흑설탕과 흰 당

귀하디 귀한 설탕을 곁에 두고 살고 싶소

당로(糖滷) 만들기 2(기당로법)

일반적으로 집안의 모든 취사도구는 모두 깨끗해야 하니, 기름때로 더러워질까 걱정되기 때문이다. 일반적으로 첨식을 만들 때 만약 흑설탕을 쓰면 먼저 노구솥에 넣고 달여서 팔팔 끓인 다음 고운 하포(夏布)로 걸러야 찌꺼기가 없어 쓰기에 좋다. 흰 당상(糖霜)은 미리 먼저 볕에 말려야 좋다.

起糖滷法 2

凡家伙俱要潔淨，怕油膩不潔．凡做甜食，若用黑沙糖，先須入鍋熬大滾，用細夏布濾過，方好作用．白糖霜預先曬乾方好．

재료: 흑당 300g, 물 30mL, 사탕수수당밀시럽 30mL

만드는 법

1 흑설탕과 물, 당밀을 노구솥에 넣고 팔팔 끓여 달인다.

2 고운 삼베로 걸러 찌꺼기를 거른다.

3 그릇에 보관한다.

4 흰 설탕은 그릇에서 쏟아 볕에 말리고 덩어리는 깨준다.

5 습기가 마르면 다시 그릇에 담는다.

＊ 설탕의 약성과 민간요법

설탕은 과거에 통증을 완화시켜 주고 질병을 치료하는 약재로도 쓰였다. 설탕은 음주 후에 토하거나 식은땀을 흘려 기력이 떨어졌을 때 수분과 에너지를 보충하기 위해 마신다. 배탈이 나서 음식 섭취가 불가능할 경우 빠른 회복을 위해 설탕물을 마셨다. 딸꾹질이 날 때도 설탕물을 마시면 새로운 자극에 반응하느라 횡격막이 진정된다고 한다. 상처 부위에도 설탕의 삼투압 작용과 방부 작용, 삼출물을 흡수하는 성질을 활용해 설탕을 뿌려 빨리 아물도록 도왔다. 세균이나 박테리아가 자라지 못하게 하고 새살이 돋도록 작용해 상처 치료제로 쓰였다. 현대에도 설탕은 약을 효과적으로 먹을 수 있게 돕는 역할을 한다. 당의정(糖衣錠)은 쓰고 맛이 역한 약을 먹기 좋게 하고 약효가 변하지 않게 하기 위해 당분으로 막을 입힌다. 시럽은 정제를 삼키기 어려운 사람을 위해 액체 형태로 만들면서 당분을 첨가한다. 젤리 형태는 씹어서 간편하게 유효성분을 취하도록 했다.

옛날에는 설탕이 약으로 쓰였다. 비위를 상하게 하거나 몹시 쓴 약을 먹은 다음에는 입가심용으로 설탕을 먹었다. 소화가 안될 때도 설탕을 먹었고 심지어 배가 아플 때나 피곤할 때도 설탕을 물에 타먹었다. 막걸리나 과일을 먹을 때도 신맛을 줄이기 위해 설탕을 넣었다.
흑설탕은 사탕수수즙을 정제하지 않고 만들기 때문에 특유의 풍미와 불순물이 있어 걸러 쓴다. 깔끔한 단맛을 내야 할 때는 흰 설탕을 쓰는 게 좋다.
설탕이 귀한 대접을 받던 시절에는 부잣집에서나 설탕을 풍족하게 먹을 수 있었다. 단 음식을 먹을 수 있다는 것은 그 집이 부유하다는 뜻이기도 했다.

tip. 흑설탕을 달일 때는 타기 쉬우므로 불을 약하게 한다.

◇ 설탕 이야기

설탕은 불과 50여 년 전만 해도 그런대로 귀한 대접을 받았다. 손님이 오면 설탕물을 타서 음료로 대접했다. 아이들은 설탕 포대에서 설탕을 몰래 퍼먹기도 했다. 주전부리라고는 볶은 콩이나 고구마, 생과일, 칡뿌리, 단수수줄기, 삘기, 샐비어꽃물을 재미 삼아 먹으며 심심한 입을 달래곤 했다. 엿이나 떡, 식혜, 약식, 곶감은 늘 먹을 수 있는 간식거리가 아니었다. 집안에 방마다 있던 벽장 속에 숨겨 두고 집안 어른이나 손님 접대를 위해 아껴두었다.

설탕보다 단맛이 훨씬 강해서 적은 양으로도 맛을 낼 수 있던 사카린으로 만든 냉차는 더위에 지친 사람들에게 인기 만점이었다.

설탕의 결정화에 영향을 미치는 요인은 몇 가지가 있다. 당 용액의 종류, 온도, 젓는 속도와 세기, 첨가물에 따라 달라진다. 설탕 용액에서 잘 형성되며 농도가 진할수록 결정화가 잘된다. 불 조절을 잘해야 하는데 처음에는 약불에서 설탕을 녹이다가 과포화되기 시작할 때 온도를 올려야 결정이 잘 생긴다. 식혀서 빠르게 저어주어야 한다.

빙사당

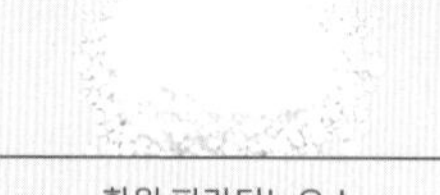
환원 파라티노오스
(사탕 세공용 엿을 만드는 설탕으로 흡습성이 낮고 열에도 강하다)

가고시마원당

흑사당

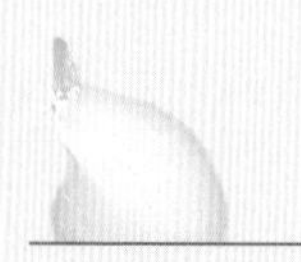
전화당
(포도당, 과당, 초당)

에리스리톨
(스크랄로오스, 설탕의 1/3만 사용)

커피슈거

슈가페이스트
(그래뉴당 분말, 분말수 사탕, 증점제-전분, 크산탄검, 향료)

◇ 여러 가지 대체 당

메이플시럽 단풍나뭇과인 사탕단풍나무 액을 농축해 만든 시럽으로 맛이 부드럽고 수액 특유의 향이 있어 팬케이크에 즐겨 뿌려 먹는다. 자연 속에 있는 당분은 동물들도 좋아해 사람들보다 먼저 알고 먹는다. 다람쥐가 단풍나무에 생채기를 내고 수액을 먹는 것을 보고 단풍나무 수액이 달다는 것을 알게 됐다고 한다. 까치도 잘 익은 감, 사과, 배, 복숭아를 쪼아 먹어 과수농가는 여러 가지 방법을 써서 성과를 보호하고 있다. 곤충들도 단맛을 좋아해 설탕통 근처에 개미들이 줄지어 있는 모습을 볼 수 있다. 채취한 수액은 졸여 시럽을 만들고 뜨거운 시럽을 차가운 눈 위에서 굳혀 사탕을 만든다.

고로쇠 수액 고로쇠나무에 상처를 내 채취하는 수액으로 뼈에 좋아 골리수라고도 불린다. 칼슘, 마그네슘, 칼륨, 망간 같은 미네랄이 들어 있어 갈증을 해소해 준다. 약한 단맛이 나는데 자연 자당이 들어 있어 원기를 회복시켜 준다. 선조들은 경칩 무렵의 고로쇠 수액이 가장 약효가 있다고 해 한 해를 건강하게 보내기를 기원하며 고로쇠 수액을 마셨다. 천연의 단맛이 있어 수액으로 커피, 식혜 같은 음료를 만들어 마시거나 물김치나 장을 담가 먹으면 부드러우면서 풍미가 있다.

아가베 시럽 용설란의 뿌리에서 추출한 당분을 여러 가지 정제 과정을 거쳐 만든 시럽이다. 칼로리와 혈당수치가 설탕보다 낮지만, 과당이 지나치게 많아 도리어 복부 비만이나 지방간을 일으킬 수 있어 주의할 필요가 있다.

선인장 꿀가루 꿀을 과립 형태로 만들어 사용하기 편하다. 급속 냉동으로 만들어 천연항생제인 플라보노이드 성분이 그대로 보존되어 있다. 설탕 대용으로 차나 음료에 타 먹으면 설탕보다 덜 달면서 특유의 복합적인 맛이 느껴진다. 맛이 순해 아이들도 잘 먹는다. 미국의 아파치 인디언들이 상비약으로 쓰던 꿀을 사용해 만든다.

사카린(Saccharin) 공장에서 제조되는 대체 당의 이름으로 화학물질이 연상돼 정서적 거부감을 일으키고 유해성 논란이 있었다. 설탕의 300배의 당도를 가지고 있어 소량으로 값싸게 단맛을 들일 수 있어 공장제 단무지를 만드는 등 대량 조리에 쓰인다. 사카린을 넣어 무를 절이면 끈적거리지 않고 식감이 아삭아삭해서 깍두기나 치킨 무를 절이는 데 사용된다. 인체에 유해하다는 오명을 벗고 최근에는 칼로리와 당이 없어 당뇨 환자들도 안심하고 먹을 수 있는 대체 당으로 여전히 애용되고 있다. 사이다, 콜라 같은 음료, 빵, 아이스크림 같은 식품은 물론 알약 코팅이나 치약 제조에도 두루 쓰이고 있다.

스테비아(Stevia) 대체 당 중 스테비아를 뿌리에 흡수시켜 단맛을 증가시킨 토마토가 최근 인기다. 1970년대만 해도 토마토는 시고 차진 맛이 강했다. 여름에 토마토를 썰어 신맛을 줄이려고 백설탕을 뿌려 손님에게 대접했다. 이제는 아예 단맛을 흡수시킨 토마토가 나온 셈이다. 스테비아는 설탕보다 당도가 200~300배 높고 칼로리가 낮아 다이어트에 좋다고 한다. 국화과 숙근 다년초 식물에서 추출한 스테비아의 단맛이 토마토와 잘 어울리는지는 알 수 없지만, 과일이 점차 달아지는 추세에서 사람들의 관심을 끌고 있다.

◇ 설탕의 성질

설탕은 우리 몸에 에너지원으로 쓰이는 탄수화물인 포도당과 과당이 주성분이다. 설탕은 자당(蔗糖, Sucrose)이며 포도당 분자 하나에 과당 분자 하나가 결합한 것이다. 설탕 한 스푼은 4kcal로 우리 몸과 두뇌를 정상적으로 움직이게 하는 데 매우 효율적인 땔감이다.

사탕무는 뿌리에 설탕의 주요 성분인 자당이 15~20% 정도 들어 있다. 사탕무는 온대 지방의 추운 곳에서도 잘 자란다. 북한에서도 평안북도에서 사탕무 생산을 늘려 부족한 설탕 공급 문제를 해결하려고 한다는 내용이 보도됐다. 습도가 높으면 잘 자라지 못하는데 이곳은 기후가 맞는 것으로 생각된다. 가축 사료로나 쓰이던 사탕무는 1747년 독일의 화학자 마르그라프(Marggraf)가 처음 사탕무에 설탕 성분이 있다는 것을 발견한다. 추출 과정에 돈이 들어 진척이 안 되다가 나폴레옹에 의해 전 유럽에 확산되게 되었다. 영국에 내린 대륙 봉쇄령 때문에 영국이 설탕을 팔지 않겠다고 선언하자 나폴레옹은 사탕무 설탕을 적극적으로 지원해 사탕무에서 설탕을 얻고자 했다.

◇ 설탕의 방부 효과

과일을 당 절임하면 과일 특유의 신맛과 향미가 오래도록 보존되고 일정한 수분을 함유하고 있어 훌륭한 후식이 된다. 잼에는 설탕이 40~70% 정도 함유되어 있고 설탕 절임에도 70% 정도 설탕이 들어 있어 미생물의 성장을 막는다. 설탕의 삼투압 작용으로 세포의 수분이 빠져나가고 곰팡이, 유해 세균은 자랄 수 없다.

식품 속에는 자유수와 식품 성분과 결합한 결합수가 있는데 결합수는 미생물의 번식에 이용될 수 없다. 자유수는 부패균이 이용해 음식을 상하게 하지만 식품 성분과 강하게 결합되어 있는 결합수는 용매로 작용할 수 없고 화학반응에도 관여하지 않는다. 잼이나 설탕 절임 속의 물은 대부분 결합수라 부패균이 활동하지 못한다.(이 성질을 이용해 잡초 제거에 활용하기도 한다.)

◇ 설탕의 보습 효과

설탕은 주변에 있는 수분을 강력하게 끌어당기는 힘이 있다. 설탕을 밀폐하지 않고 두면 공기 중의 수분을 빨아들여 덩어리지는 현상을 볼 수 있다. 설탕의 이 성질을 이용해 과자가 건조해지는 것을 막고 젤리가 촉촉한 상태를 유지하게 한다. 잼이나 설탕은 먹으면서 밀봉 상태를 유지해 줘야 설탕이 공기 중의 수분을 빨아들이지 않아 곰팡이가 생기지 않는다.

사과 같은 과일 속에 포함된 유기산은 항산화 작용을 해 활성산소를 없애주고 식품이 상하지 않게 하는 천연방부제 역할을 한다. 잡균의 번식을 막는 살균 작용도 해준다. 신맛이 풍부한 과일로 잼이나 설탕 절임을 하면 유기산을 섭취하게 돼 장 건강에도 도움이 된다.

과일이나 뿌리채소, 견과류를 활용한 당 절임은 과일의 유기산과 펙틴 성분이 콜레스테롤 수치를 떨어뜨려 동맥경화를 예방하는 데 도움을 준다. 펙틴은 간에서 만들어지는 담즙산을 흡착해 배설시킨다. 담즙산은 콜레스테롤로 만들어진다. 당분의 정도는 조절해야겠지만 단맛이 주는 즐거움과 과채류의 영양을 다 함께 취할 수 있다.

설탕에 관한 내용은《임원경제지》〈정조지〉 권1 식감촬요(食鑑撮要) 편에 잘 나와 있다.

· 《당본초》 맛은 달고, 성질은 차며, 독은 없다.

· 《식료본초》 성질은 따뜻하며 냉하지 않다. 많이 먹으면 가슴이 아프고, 장충(長蟲, 기생충)이 생기며, 기육(肌肉, 피부와 살)이 쇠하고, 치아를 손상시키며, 감닉(疳䘌)이 발생한다. 붕어와 함께 먹으면 감충(疳蟲)이 생긴다. 아욱과 함께 먹으면 유벽(流澼)이 생긴다. 죽순과 함께 먹으면 소화되지 않아 징가(癥瘕)가 생기며, 몸이 무거워져 걷지 못한다.

· 《본초강목》 속을 조화롭게 하고 비장을 도우며, 간의 기운을 느슨하게 한다.

· 안 사당(沙糖, 설탕)은 사탕수수의 즙을 고아서 만든다. 우리나라에는 사탕수수가 없으니 사당은 오직 북경의 시장에서 들여온다. 과줄[果飣]로 충당하거나 온갖 맛을 조화시킬 때 사용하므로 지금 여기에서는 양념 종류와 과일 종류에 넣었다.

설탕에 대해 서유구 선생은 "사탕수수의 즙을 고아서 만드는데 우리나라에는 사탕수수가 없어서 북경으로부터 들여온다. 과정류를 만들 때 쓰고 갖은 맛을 조화시킬 때 사용하므로 미류(味類)와 과류(菓類)에 포함시켰다." 라고 설탕의 역할에 대해 밝히고 있다.

설탕은 과자를 만들 때 쓰는데 설탕은 과자 안에서도 여러 가지 역할을 한다. 단맛을 내주고 과자의 갈색을 내주며 수분의 양을 조절해 준다. 막을 형성해 더 이상 세균이 번식하지 못하게 해 보존 기간을 늘려준다. 입자의 굵기에 따라 식감도 달라진다.
설탕, 밀가루, 수유(버터)가 만들어 내는 달콤하고 고소하며 풍부한 맛부터 정과의 쫄깃한 식감까지 설탕이 만들어 내는 달콤한 마법의 순간은 누구에게나 행복을 가져다준다.

◇ 우리나라의 당

우리나라의 단맛은 멥쌀, 찹쌀, 좁쌀, 수수 같은 곡식을 엿기름에 섞어 당화시켜 조린 조청의 맛이다. 오랜 시간을 들여 고아 만들기 때문에 정성이 많이 들어간다. 엿의 단맛은 자극적이지 않고 은은하며 소화가 잘 된다. 엿을 묽게 해서 조청을 만들어 떡이나 한과를 만들 때 쓰거나 여러 가지 음식을 만들 때 감미료로 활용한다. 갱엿이나 백당도 엿에 들어간다. 한과 맛이 외국의 과자들보다 덜 달게 느껴지는 중요한 이유다.

◇ 한국의 단맛

9월이 되면 샐비어는 더욱 단맛을 품게 된다. 샐비어 속 꽃을 당겨 조심스레 뽑으면 꽃 끝 흰 방울 속에 초롱한 단 물이 이슬처럼 맺혀 있었

샐비어와 단수수

다. 먹을거리가 많지 않던 시절에 아이들은 하굣길에 화단에 줄지어 서 있던 샐비어의 단 꽃물을 입술을 모아 쪽 빨아먹었다. 한 방울의 꽃이슬이 혀에 닿아 은은한 단맛이 기분을 좋게 해줬다. 강한 맛은 아니지만 약한 꽃 속을 조심스레 빨아먹는 짧은 순간이 주는 투명한 느낌이 소중했다.

단수수는 여름이면 쑥쑥 자라 어느 순간 흰 구름 아래 휘청이며 일렁거린다. 《제크와 콩나무》 책을 펼쳐 들었을 때 식물들이 온 세상을 지배하지 않을까 두려움을 느끼게 했던 순간이 떠오를 정도로 단 수수는 빨리 자랐다. 놀거리가 떨어져 심심하다고 투정을 부리면 그날이 바로 단수수를 잡는 날이다. 단수수의 곧은 허리 대를 과감하게 쳐서 순식간에 가지런히 마디에 맞춰 자른다. 여린 대는 골라 나이 어린 아이에게 나눠준다. 그새를 못 참고 맨손으로 단수숫대를 벗기다 베인 손가락의 선혈이

손끝도 둥글게 닳아 완두콩을 닮았다. 장갑도 없이 그 힘든 벼농사와 밭일을 하며 억척스럽게 살아온 삶이 손끝에 영글었다.

단수숫대에 얼룩처럼 밴다. 꾸지람도 잠시 질긴 섬유질 사이로 단수수에서 배어 나오는 단즙과 풀 향이 섞인 대를 씹는 재미에 아무 소리도 들리지 않는다. 빈 제비집 같은 단수수 허물이 쌓일 무렵 생기를 찾은 아이들은 골목 사이로 사라지곤 했다.
텃밭 비탈 가까운 곳에 나이 먹은 매화나무 한 그루가 서 있다. 오래된 가지에도 성기게 매실이 달려 있다. 새로 솟은 푸른 가지에는 매실이 주렁주렁 열려 있다. 심은 주인은 보이지 않는데 매화나무만 홀로 남아 계절을 말해 준다.

◇ 설탕의 활용

설탕은 생각보다 쓰임이 많은데 음식을 먹고 구취 제거제로도 쓰였다. 이 성질을 이용해 마늘이나 부추 냄새가 밴 김치통을 씻을 때 설탕물을 활용하면 냄새를 제거할 수 있다. 건조식품을 보관할 때 각설탕을 넣어 두면 습기를 빨아들인다. 다시 레인지에 넣고 설탕을 건조시키면 냄새와 습기가 날아가 다시 쓸 수 있다. 흑설탕은 죽은 각질을 제거해 주고 흑설탕에 들어 있는 당분과 미량 원소가 피부에 윤기와 수분을 공급해 준다. 빨래를 헹굴 때 소량의 설탕과 식초를 넣으면 섬유가 부드러워지고 물 빠짐도 막아준다.

◇ 설탕의 변신

럼은 설탕 찌꺼기인 당밀을 고온에서 자연적으로 발효시켜 만든 증류주다. 알코올 함량이 높아 43~53%로 도수가 세서 칵테일을 만들거나 과자를 만들 때 사용한다. 당밀로는 알코올인 에탄올을 만들어 식초, 화장품, 약품, 용매제, 도료, 글리세롤 등을 만드는 데 쓴다. 사탕수수의 줄기에서 자당을 짜고 남은 찌꺼기인 버개스(Bagasse)는 펄프 자원으로 쓰인다.

초면법

풀빵 향이 솔솔 입가에는 미소가

초면(炒麪, 볶은 밀가루) **만들기**(초면법)

중궤록 밀가루는 꼭 3번 거듭해서 체로 친 다음 큰 노구솥에 넣는다. 나무주걱으로 저어가며 볶아서 푹 익힌 다음, 탁자 위에 올리고 방망이[古轤槌]로 곱게 간다. 이를 다시 체로 한 번 쳐야 첨식을 만들기에 좋다. 일반적으로 수유(酥油)를 쓸 때는 신선해야 하고 오래 묵은 수유는 쓰기에 적당하지 않다.

炒麪法

中饋錄 白麪要重羅三次, 將入大鍋內. 以木爬炒得大熟, 上卓, 古轤槌碾細, 再羅一次, 方好做甜食. 凡用酥油, 須要新鮮, 如陳了, 不堪用矣.

재료: 밀가루 1kg, 수유 30g

만드는 법

1 노구솥을 깨끗이 닦고 불에 올린다.
2 약불로 놓고 수유를 넣어 녹으면 솥을 닦아 낸다.
3 밀가루를 3번 거듭해서 체로 친 다음 노구솥에 넣는다.
4 나무주걱으로 저어가며 볶아서 푹 익힌다.
5 탁자 위에 올리고 방망이로 곱게 간다.
6 다시 한 번 체로 친다.

밀가루를 볶으면 분유처럼 유백색이 돌다가 살짝 갈색이 생기면서 풀빵 향과 분유 향이 난다. 대신 뭉치면서 굳기 때문에 살살 부수면서 볶는다. 그래도 뭉치는 부분은 반드시 체로 쳐서 가루로 만들어야 과자를 만들었을 때 잘 뭉쳐진다.
밀가루 볶는 향이 은근히 구수해서 주방 안에 푸근한 느낌이 가득하다. 좋은 밀가루는 신선한 향과 함께 수분이 느껴진다. 볶으면 묵직하면서도 고소함이 배가된다.
조선시대에는 밀가루가 귀한 식재였다. 약과 같은 과자를 만드는 데 들어가거나 밀가루즙을 만들어 죽순을 재우거나 봉총찜 같은 고기 요리와 준치찜 같은 생선요리의 걸쭉한 즙을 만드는 데 사용했다.

tip. 밀가루는 눌지 않게 비닥까지 저어준다. 다 볶아지면 풀빵 향이 나기 시작한다.
수유는 신선한 것을 쓴다.

설화수

설탕과 버터의 고소한 조화

설화수(雪花酥, 눈처럼 흰 밀떡) 만들기

중궤록 작은 노구솥에 수유를 넣고 수유가 녹으면 거른다. 여기에 볶은 밀가루를 넣고 손 가는 대로 골고루 저어서 묽지도 되지도 않게 한 다음 노구솥을 불에서 떨어뜨려 놓는다. 백설탕 가루를 볶은 밀가루가 담긴 솥 안에 뿌려 넣고 고르게 섞어서 한곳에 뭉쳐놓는다. 이를 상에 얹고 밀대로 밀어서 편 다음 코끼리 눈알 모양(마름모)의 덩어리로 자른다.

雪花酥

又 油下小鍋, 化開濾過, 將炒麪隨手下攪均, 不稀不稠, 掇鍋離火, 灑白糖末下在炒麪內, 攪均和成一處, 上案捍開, 切象眼塊.

재료: 볶은 밀가루 100g, 수유 80g, 설탕 60g

만드는 법

1 작은 노구솥에 수유를 넣고 수유가 녹으면 거른다.
2 여기에 볶은 밀가루를 넣고 손 가는 대로 골고루 저어서 뭉쳐질 정도가 되게 한다.
3 이때 노구솥을 불에서 내린다.
4 백설탕 가루를 볶은 밀가루에 뿌리고 고르게 섞은 다음 뭉쳐 놓는다.
5 반죽을 상에 올리고 밀대로 밀어 펴서 6×3cm 정도의 마름모 모양으로 자른다.

tip. 반죽을 뭉칠 때 손에 수유를 바르고 하면 더 잘 뭉쳐진다. 노구솥이 따뜻한 상태에서 반죽하는 게 좋다. 시간이 지나면 반죽이 어우러져 더 잘된다.

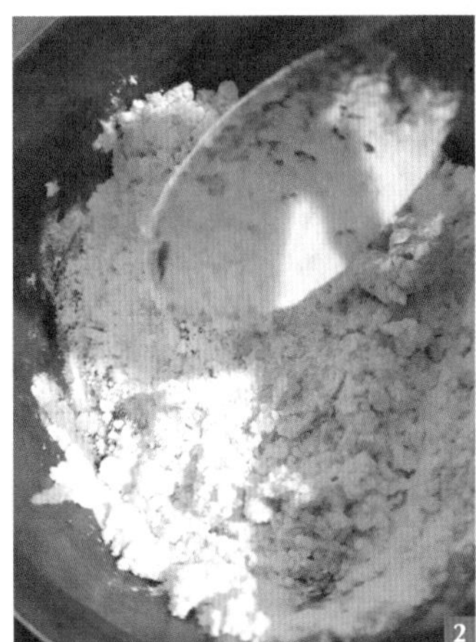

설화수는 이름 그대로 눈처럼 희고 버터와 설탕이 들어가 연유 맛이 나면서도 사브레처럼 설탕 알이 씹히는 고급과자다. 볶은 밀가루를 쓰기 때문에 고소한 맛이 더욱 감미롭게 느껴진다. 수유는 우유막을 농축했기 때문에 전지분유 맛이 진하게 난다.

수유, 설탕, 밀가루는 옛날에는 귀해서 아무나 쉽게 먹을 수 있는 식재가 아니었다. 지금은 흔할 뿐만 아니라 3가지 모두 살이 찌게 한다고 해서 사람들이 기피하기도 한다. 사람들이 가장 맛있다고 느끼면서도 과하면 체중이 늘기 때문에 유혹과 절제의 이중성을 가진 식품인 셈이다.

뭉치고 밀어서 자른 단면을 보면 파이처럼 결이 있어 씹는 맛이 있다. 버터와 밀가루가 결합해 층을 이루고 설탕이 접착제 역할을 하면서 동시에 감미를 줘 단순하지만 고급스럽다.

재료가 단순할수록 신선한 최상의 재료를 써야 맛이 잘 표현된다. 설탕조차도 오래되지 않고 주변의 냄새를 빨아들이지 않은 설탕을 써야 씹는 맛이 살아난다.

송자해라간에 비해 더 하얗고 층이 살아 있으며 연유 맛이 더 강하다. 하루 정도 지나면 건조해지지만 단맛이 더 숙성돼 입속에 쏙 들어와 사르르 녹는 사브레가 된다.

송자해라간

잣이 쏙쏙, 달콤한 밀가루 쿠키

송자해라간(**松子海囉嵰, 잣밀떡**)

준생팔전 당로를 작은 노구솥에 넣어 밥 한 끼를 먹을 시간 동안 졸였다가 저으면서 식힌다. 여기에 손 가는 대로 볶은 밀가루를 넣은 다음 잣을 부수어 넣고 저어서 고루 섞는다. 반죽 밀판에 수유를 바른 다음 반죽을 밀판 위에 올려놓고 밀대로 밀고 편 뒤 코끼리 눈알 모양의 덩어리로 자른다. 일반적으로 반죽 덩어리를 자를 때는 따뜻할 때 잘라야 한다. 만약 차고 딱딱해지면 자르기 어렵고 부서질 염려가 있다.

松子海囉嵰

遵生八牋 糖滷入小鍋, 熬一頓飯時, 攪冷. 隨手下炒麪後, 下剸碎松子仁攪均. 案上抹酥油, 撥在案上捍開, 切象眼塊子. 凡切塊要乘溫切, 若冷硬, 難切恐碎.

재료: 볶은 밀가루 100g, 당로 65mL, 잣 25g, 수유 20g

만드는 법

1 당로를 작은 노구솥에 넣어 밥 한끼 먹을 시간(20~30분 정도) 동안 졸였다가 저으면서 식힌다.
2 여기에 손 가는 대로 볶은 밀가루를 넣은 다음 잣을 부수어 넣고 저어서 고루 섞는다.
3 반죽 밀판에 수유를 바른 다음 반죽을 밀판 위에 올려놓고 밀대로 밀고 편 뒤 코끼리 눈알 모양(마름모)의 덩어리로 자른다.

tip. 일반적으로 반죽 덩어리를 자를 때는 따뜻할 때 잘라야 한다. 만약 차고 딱딱해지면 자르기 어렵고 부서질 염려가 있다. 잣의 양은 조금 더 넣어도 된다.

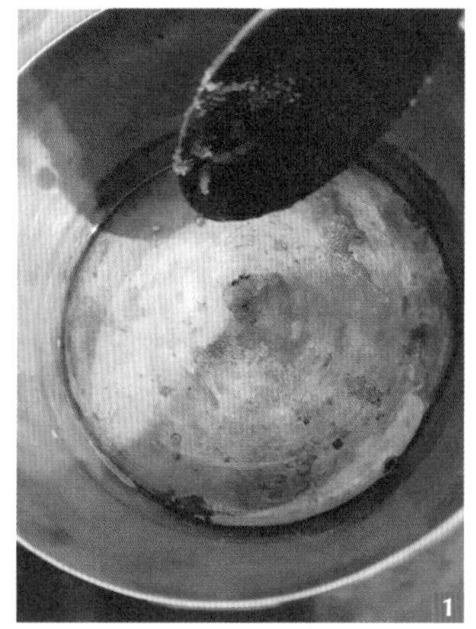

송자해라간은 당로가 들어가 반죽이 설화수보다 누렇고 끈적하다. 잣의 고소한 맛이 있어 설화수보다 동양적인 풍미가 있다. 반죽이 당액에 의해 끈끈하게 뭉쳐져 좀 더 조직이 치밀하다.

송자해라간 속에 들어간 잣은 거칠게 다지면 씹는 맛이 있고 곱게 다지면 잣 향이 은은하게 풍긴다. 동물성 기름인 수유를 쓴 설화수와 식물성 기름인 잣을 넣은 송자해라간이 서로 비교가 되어 흥미롭다.

잣은 올레산(Oleic acid), 리놀레산(Linoleic acid), 리놀렌산(Linolenic acid) 같은 불포화 지방산이 풍부해 피부와 머리카락을 윤기 있게 해주고 원기를 돋우는 최고의 식품이다. 잣을 갈아서 죽을 쑤어 먹으면 환자나 노인들의 영양식으로 좋으며 노화를 방지한다고 알려져 있다. 불포화 지방산과 함께 비타민 E, 칼슘, 마그네슘, 철분이 함유되어 있어 성장기 어린이들의 발육을 돕는다.

불로장생의 잣을 과자로 만든 송자해라간은 피부, 모발, 혈관, 두뇌, 치매예방, 장 건강까지 챙길 수 있다. 모든 연령층에게 필요한 귀한 간식이다.

백윤

부드러운 누가 향이 매력적인 과자

백윤(白閏, 백밀떡)

준생팔전 당로에 수유를 조금 넣고 같이 졸이다가 볶은 밀가루를 손 가는 대로 넣고 저어서 고루 섞는다. 이 반죽을 밀판에 올리고 밀대로 밀어 편 뒤 코끼리 눈알 모양의 덩어리로 자른다. 만약 동권(銅圈)으로 찍어내면 이것이 바로 감로병(甘露餠, 감로처럼 달콤한 떡)이다.

白閏

又 糖滷少加酥油同熬, 炒麪隨手下攪均, 上案捍開, 切象眼塊子. 若用銅圈印之, 卽爲甘露餠.

재료: 당로 65mL, 수유 20g, 볶은 밀가루 100g

만드는 법

1 당로에 수유를 조금 넣고 같이 졸인다.
2 여기에 볶은 밀가루를 넣고 저어서 고루 섞는다.
3 반죽을 판에 놓고 밀대로 민 다음 코끼리 눈알 모양(마름모)으로 자른다.
4 동권(구리원형틀)으로 찍어낸다. 이것이 감로병(甘露餠)이다.

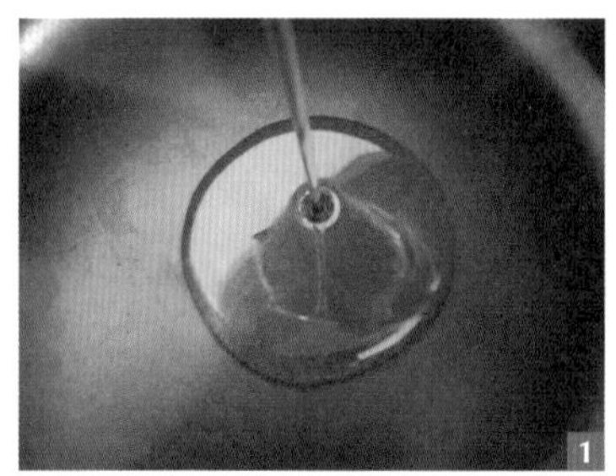

당로가 들어가 촉촉하면서도 아주 달지는 않지만 부드러운 연유 향이 난다. 백윤은 수유가 들어가 반죽이 매끈하고 짧은 순간에 연하게 만들어진다.
설탕, 우유, 버터를 끓여서 만든 과자는 달콤하고 부드러운 질감 때문에 사랑받을 수 밖에 없다. 이 조합은 너무나 완벽해서 퍼지라는 이름으로 영국, 미국 등 전 세계 여러 나라에서 비슷한 모습으로 만들어지고 있다.
백윤은 여기에 볶은 밀가루가 들어가 떡 비슷한 모양을 가지게 된다. 쫀득한 단맛은 좀 줄지만 맛이 순해진다.

tip. 약불에서 졸이면 거품이 올라온다. 캐러멜화되기 전에 밀가루를 넣는다.

황윤

동양의 캐러멜, 매끄러운 새틴 질감

황윤(**黃閏, 황밀떡**)

[준생팔전] 흑설탕을 거른 다음 당로와 한곳에서 졸인다. 여기에 벌꿀 조금을 넣고 졸인 뒤 시원하게 식힌다. 여기에 손 가는 대로 볶은 밀가루를 넣는다. 밀판 위에 수유를 바른 다음 반죽을 놓고 밀대로 밀고 편 뒤 코끼리 눈알 모양의 덩어리로 자른다.

黃閏

[又] 黑沙糖濾過, 同糖滷一處熬, 蜂蜜少許, 熬成晾冷, 隨手下炒麪. 案上仍着酥油捍開, 切象眼塊.

재료: 흑설탕즙 30mL, 당로 30mL, 벌꿀 20mL, 볶은 밀가루 100g, 수유 5g

만드는 법

1 흑설탕을 끓여 거른 다음 당로와 함께 졸인다.
2 여기에 벌꿀 조금을 넣고 졸인 뒤 시원하게 식힌다.
3 볶은 밀가루를 넣고 잘 섞어 반죽한다.
4 판 위에 수유를 바르고 반죽을 밀어 편 뒤 코끼리 눈알 모양(마름모)으로 자른다.

tip. 천천히 뭉쳐가며 반죽한다.

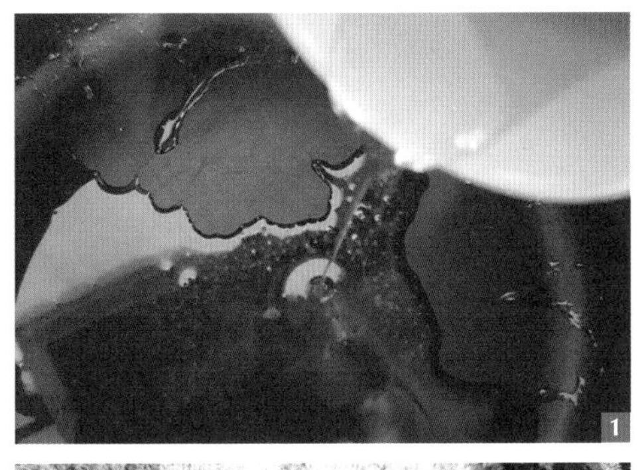

3가지 당분이 어우러져 만들어 낸 캐러멜 빛과 윤기가 매끄러운 새틴을 닮았다. 반죽이 유연해 낭창낭창한 느낌마저 준다. 보습력이 좋은 꿀까지 들어가 반죽이 더욱 촉촉하고 매끄럽다. 이상적인 피부를 보는 듯하다.
눅진한 황윤은 쉽게 상하지 않는다. 흑설탕 특유의 복합적인 맛과 쌉싸래한 맛이 단맛과 만나 상승효과를 일으킨다. 쿠키를 구울 때도 백설탕만 넣지 않고 흑설탕, 당로, 벌꿀을 함께 넣으면 깔끔하면서도 입에 착 붙는 고급스런 단맛을 낼 수 있다. 흑설탕, 다크초콜릿, 설탕의 조합도 같은 이유로 쓰고 달면서도 개운한 맛을 내준다.
밀가루도 강력분과 박력분을 섞어서 사용하면 원하는 질감을 만들어 낼 수 있다. 황윤은 질 좋은 당분과 밀가루, 수유가 만나 최고의 풍미를 선사한다.

흑윤

화초 가루가 들어가 씹는 맛까지 챙긴 특별함

흑윤(黑閏, 흑밀떡)

준생팔전 흑설탕을 졸이고 깨끗이 거른 다음 당로와 반반씩 섞어서 노구솥에 넣고 밥 한 끼 먹을 시간 정도 졸인다. 수유 반 사발을 안에 넣고 함께 다시 한 번 졸인다. 볶은 밀가루를 손 가는 대로 넣고 화초(花椒) 가루 조금을 더한 다음 섞어 한 덩이를 만든다. 밀판에 올려놓고 밀고 편 뒤 코끼리 눈알 모양의 덩어리로 자른다.

黑閏

又 黑沙糖熬過濾淨, 與糖滷對半相攙, 下鍋熬一頓飯時. 將酥油半甌在內, 共熬一回, 用炒麪隨手, 加花椒末少許, 和成一塊, 上案捍開, 切象眼塊.

재료: 흑설탕즙 30mL, 당로 30mL, 수유 30mL, 볶은 밀가루 100g, 화초 가루 1g

만드는 법

1 흑설탕을 졸이고 깨끗이 거른 다음 당로와 반반씩 섞어서 노구솥에 넣고 20~30분 정도 졸인다.

2 수유를 넣고 다시 한 번 졸인다.

3 볶은 밀가루를 넣고 화초 가루를 더해 반죽한다.

4 판에 올리고 밀어서 편 뒤 코끼리 눈알 모양(마름모)으로 자른다.

1

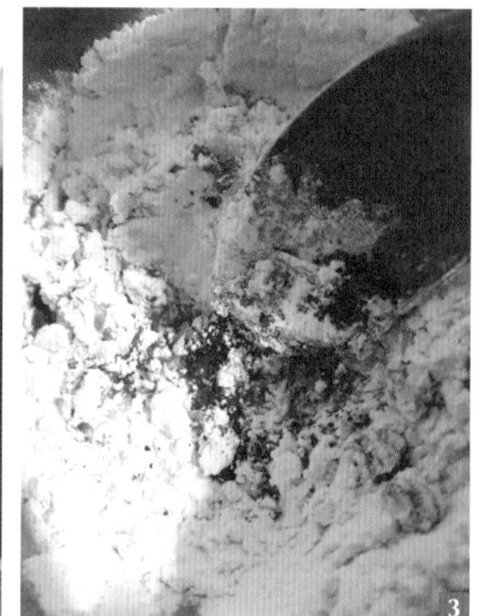

3

화초 : 화초는 산초나무 또는 초피나무의 잘 익은 열매의 껍질을 말한다. 구토나 설사가 났을 때 속을 가라앉혀 주고 구토를 멎게 하며 살충 효과가 있다. 육류나 음식의 비린 맛과 느끼한 잡냄새를 효과적으로 제거해 준다. 기름진 음식에 넣으면 맛을 산뜻하게 해준다.

tip. 조금씩 천천히 뭉쳐가며 반죽한다. 화초 가루는 미리 빻아 만들어 둔다.

흑윤은 말할 수 없이 달고 수유가 들어가 촉촉하면서 퍼슬퍼슬한 질감이 느껴진다. 화초 가루의 씹는 맛이 더해져 부드러움과 대조를 이룬다. 화초 가루의 향과 깔끔한 맛이 콕콕 박혀 모양과 맛에 포인트가 되어 준다. 까맣고 윤기 있는 알갱이 덕분에 흑윤의 의미가 더욱 강조된다. 의도적인 조합일 수도 있지만 이런 류의 조합은 단맛 덩어리에 개운함을 선사해 준다.
3가지 컬러별 과자 중에 흑윤이 가장 달고 층이 느껴지며 씹는 맛까지 갖춘 인상적인 모습이다.
흑설탕은 특유의 풍미와 쓴맛이 있고 미네랄을 포함하고 있어 다양한 표정을 나타낼 수 있다. 어느 지역에서 생산되는지에 따라 맛이 다르다. 흑설탕이 건강에 좋다는 말은 비정제당일 경우에 해당된다. 정제당에 캐러멜 색소를 넣은 경우에는 비정제당과의 차이가 크다.

와사

행운의 화수분

와사(窩絲, 꿀타래)

준생팔전 먼저 얇은 석판 한 조각에 깨를 볶아 짠 참기름을 바른다. 또 볶은 밀가루를 체에 깨끗이 쳐서 미리 준비해 둔다. 그런 뒤에 당로를 노구솥에 넣고 졸여서 굵은 실처럼 진하게 졸여지면 석판 위에 붓는다. 이를 칼로 두 가닥으로 나누어 당로가 식어서 빽빽해지려 하면 손으로 주무르며 길게 늘인 다음 두 가닥을 하나로 합한다. 이렇게 합쳤다 늘이기를 거듭할수록 당로 반죽이 하얗게 된다.
만약 식어서 단단해지면 불 위에서 쬐면서 수십 차례 늘리고 꼬아서 동그라미가 둘인 8자 모양을 만든 다음 밀판에 얹는다. 이 위에 볶은 밀가루를 뿌리고 두 사람이 마주잡고 늘린다. 이때 한 방향으로 돌려가며 볶은 밀가루를 손 가는 대로 위에 뿌리고 늘리기를 수십 번 하면 고운 실처럼 된다.
그런 뒤에 칼로 자르고 가닥을 나눈 다음 감아서 작은 타래를 만든다. 당로를 밀판 위에서 늘릴 때는 꼬고 접어서 둥글게 만든 다음 이를 늘리고 또 꼬고 접어 둥글게 만든다. 이와 같이 수십 번 하면 가는 실처럼 된다.

窩絲

又 先用細石板一片抹熟香油, 又用炒麪羅淨預備. 然後糖滷下鍋熬成老絲, 傾在石板上. 用切刀二把, 轉遭掠起, 待冷將稠, 用手揉拔扯長, 雙摺一處, 越拔越白.
若冷硬, 於火上烘之, 拔至數十次, 轉成雙圈, 上案, 却用炒麪放上, 二人對扯, 順轉炒麪隨手傾上, 扯拔數十次, 成細絲.
却用刀切斷分開, 綰成小窩. 其拔糖上案時, 轉折成圈, 扯開又轉摺成圈, 如此數十遭, 卽成細絲.

재료: 참기름 적당량, 볶은 밀가루 적당량,
당로(설탕 217g, 물 140mL, 물엿 40mL, 식초 7mL)

만드는 법

1 석판에 참기름을 바르고 볶은 밀가루도 미리 준비해 둔다.
2 설탕에 물을 넣고 끓이다가 설탕이 녹으면 바로 물엿을 넣고 졸인다. 온도가 120도 정도 되면 식초나 레몬즙을 넣는다. 121도 정도에서 주걱으로 빠르게 저어 섞어준다. 불을 끄고 잠시 식힌 다음 참기름을 바른 석판 위에 붓는다.
3 가장자리부터 말아 반죽을 뭉친 후 공기를 빼준다.
4 볶은 밀가루는 따뜻하게 해 놓는다.
5 칼로 두 가닥으로 나눠 당로가 식어서 뻑뻑해지려 하면 손으로 주무르며 길게 늘인 다음 두 가닥을 하나로 합한다. 볶은 밀가루를 고르게 발라 가며 한다.
6 다시 길게 늘려 말아 8자로 만들고 둥글게 말아 다시 늘리는 과정을 계속 반복한다.
7 가는 실이 되면 9cm 길이로 잘라 말아 타래를 만든다.
8 서늘한 곳에 보관하거나 냉동실에 넣어 얼려 놓는다.

tip. 당로 반죽이 점점 하얗게 되는데 단단해지면 불 위에 쬐면서 한다. 설탕 반죽은 가장자리부터 식기 때문에 안으로 말아 뭉친다. 가는 실이 많이 나게 하려면 쉽게 굳지 않는 설탕을 쓰거나 물엿과 식초의 양, 불의 세기, 온도를 잘 맞춰줘야 한다. 당로를 만들 때 불순물을 잘 제거해야 깨끗하고 섬세한 실을 얻을 수 있다.

"마법의 세계에 오신 것을 환영합니다."
설탕 공예의 일종인 실타래는 단맛뿐만 아니라 솜사탕처럼 모양을 변형시켜 식감까지 실처럼 바꾼 과자다. 실타래는 반죽을 꼬고 늘리는 동안 하얀 실이 생기는 모습이 신기하다. 설탕 반죽을 비교적 낮은 온도에서 하면 반죽이 딱딱하게 결정을 형성하는 시간이 지연되고, 늘리면서 전분 가루도 묻고 공기와 접촉해 가는 실을 형성한다. 반죽의 상태를 손으로 만지고 느끼면서 쭉 늘리면 끊어지지 않고 계속 늘어난다.
설탕을 녹이면서 적당한 수분을 주고 결정을 형성하려는 성질을 초산으로 막으면 가소성이 좋아진다. 여기에 적절한 열을 가하면 원하는 모양으로 만들 수 있다.
설탕은 녹는 점이나 투명도, 용해도가 다른데 설탕의 성질과 종류에 따른 특성을 이용해 이소말트(Isomalt)나 빙사당(氷沙糖), 설탕 등을 선택해 사용할 수 있다. 온도와 습도 같은 환경 조건도 중요한데 환경과 설탕의 성질을 잘 이해하고 맞춰줘야 원하는 결과를 얻을 수 있다. 습한 환경에서는 반죽이 쉽게 처지고 윤기도 덜나고 뭉쳐져 실타래 특유의 날아갈 듯한 모습이 사라진다. 먹어보면 실이 가늘수록 연하고 이에서 씹을 때 뭉쳐져 색다른 재미를 느낄 수 있다. 이 신기한 과자를 좀 더 자세히 살펴보자.

꿀타래는 당로 반죽을 늘이면 설탕액이 공기에 노출돼 가는 실을 형성하는 성질을 이용해 만드는 과자다. 설탕용액을 끓이면 100도가 넘어 끓기 시작해 130도 정도에서 걸쭉한 시럽이 되고 150도 정도에 이르면 수분이 줄어 단단한 결정을 형성한다. 이 온도를 넘으면 캐러멜이 형성되면서 타기 시작한다.
꿀타래를 만들려면 반죽에 적당한 수분이 있어야 가능하다. 만드는 과정에서 빠르게 굳기 때문에 열판이 있으면 만들기가 좀 더 수월하다. 당로를 만들 때 물엿과 식초를 조금 넣어주면 설탕이 빠르게 결정화되는 시간을 늦출 수 있다. 식초를 넣어주면 초산의 작용으로 설탕의 주성분이 포도당과 과당의 혼합물인 연화당으로 변하기 때문에 결정이 되기 어려워진다.
설탕액이 130도를 넘기 전, 용액의 되기가 적당할 때 늘리면서 계속해서 밀가루나 전분을 발라 가며 서로 붙지 않게 해준다. 중국에서는 용수당(龍鬚糖)이라고도 불린다. 우리나라에서도 꿀과 맥아당을 8일간 숙성시켜 만드는 꿀타래는 실타래 모양을 하고 있어 건강, 장수, 행운 등을 상징해 현대인들의 주전부리로 유명하다.

교맥화

고소한 싸라기눈 메밀강정

교맥화(蕎麥花, 메밀강정)

준생팔전 메밀을 볶고 터뜨려 꽃처럼 벌어지게 만들어 둔다. 적당한 양을 헤아려 당로에 벌꿀을 약간 넣고 함께 노구솥에 넣은 다음 젓지는 말고서 실이 어느 정도 생길 때까지 졸인다. 그런 다음 볶은 메밀을 손 가는 대로 노구솥에 넣어 고루 섞되, 묽게 해서는 안 된다. 밀판 위에 당로와 섞지 않은 볶은 메밀을 먼저 깔아 밀판에 달라붙지 않게 하고, 노구솥 안의 당로 섞은 메밀을 밀판 위에 올린 다음 밀고 편 뒤 코끼리 눈알 모양의 덩어리로 자른다.

蕎麥花

又 將蕎麥炒成花, 量多少, 將糖滷加蜂蜜少許, 一同下鍋, 不要動, 熬至有絲, 略大些. 却將蕎麥花隨手下在鍋內, 攪均不要稀了. 案上鋪蕎麥花, 使不粘, 將鍋內糖花撥在案上, 捍開, 切象眼塊.

재료: 메밀튀밥 300g, 당로 110mL, 벌꿀 40mL

만드는 법

1 메밀을 깨끗이 씻어 물기를 빼고 약불에서 30분 이상 타지 않게 볶는다.
2 메밀튀밥을 준비한다.
3 당로에 꿀을 넣고 약불에서 바글바글 끓인다.
4 실이 생길 때까지 졸인다.
5 메밀튀밥을 넣고 버무린다.
6 판 위에 메밀튀밥을 깔고 메밀버무리를 깐 다음 밀대로 편편하게 민다.
7 딱딱하게 굳기 전에 칼로 코끼리 눈알 모양으로 자른다.

tip. 당로와 꿀은 저으면 투명한 시럽이 만들어지지 않기 때문에 절대 저으면 안 된다. 강정에 적당한 온기가 남아 있을 때 잘라야 한다.

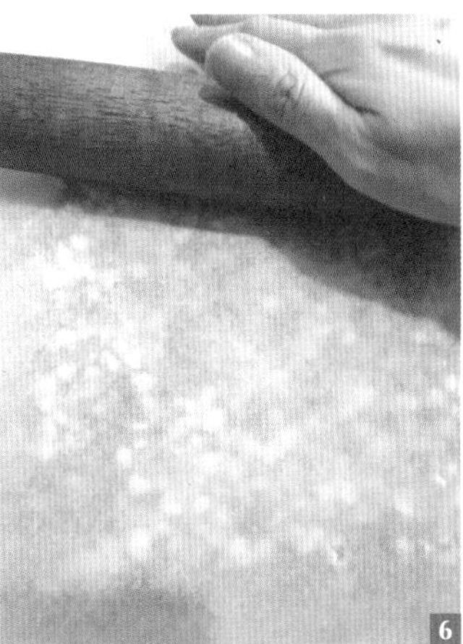

강정은 만들 때 몇 가지 주의할 점이 있는데, 당로와 꿀을 끓인 시럽의 농도가 적당해야 강정이 잘 만들어진다. 당도계가 없을 경우 물에 떨어뜨려 보아 물방울 모양이 되거나 실온에 두어 말랑하면서 가는 실이 보이면 적당한 상태다. 설탕시럽은 수분이 너무 많으면 재료를 축 처지게 하고 적당하면 재료를 코팅해줘 보존성을 높여주기도 한다.

당로와 벌꿀을 이용하면 좀 더 풍미가 있고 고소한 맛이 가미된다. 벌꿀은 설탕의 80% 정도 달고 보습력이 있어 졸일 때 수분량을 적절하게 조절해야 한다.

자르는 시간도 중요한데 너무 빠르면 모양이 안 잡히고 너무 식으면 딱딱해서 자르기 어렵다. 강정은 때를 놓치지 않고 타이밍을 잘 맞춰야 원하는 모양을 만들 수 있다.

튀밥은 뻥튀기를 활용하거나 밥을 지은 후 하루 정도 말려 기름에 튀겨 쓰거나 편한 방법을 쓴다. 메밀은 단백질과 트레오닌(Threonine), 비타민, 리신(Ricin) 등을 가지고 있어 비만을 예방하고 피부를 곱게 해준다. 루틴(Rutin) 성분은 모세혈관을 튼튼하게 해 고혈압을 예방해 주고, 이뇨 작용을 도우며 항산화 효과도 기대해 볼 수 있다. 마르고 몸이 찬 사람은 많이 먹지 않도록 한다.

구비당 1

쌉싸래한 땀방울이 모인 노력의 정수

구비당(求肥糖) 1

[화한삼재도회] 칡가루·고사리 가루 각 0.1두, 옥설탕[玉沙糖] 1근을 고루 섞는다. 따로 찹쌀 0.2두를 물에 담갔다가 갈아서 진한 즙으로 만든다. 그 안에 위의 3가지 재료를 넣고 약한 불로 달인다. 나무주걱으로 반나절 정도 천천히 저으면서 고아 7/10 정도가 되었을 때 습이(濕飴, 물엿) 2.5근을 넣고 다시 고아 반으로 줄면 완성된 것이다.
밀가루를 안반(案盤)에 뿌린 다음 위의 반죽을 펴서 3일 정도 식기를 기다린다. 이를 먹과 같은 모양으로 잘라 밀가루를 뿌리고 그릇에 담으면 연하고 감미로운 최상품이 된다.

求肥糖 1

[和漢三才圖會] 葛粉·蕨粉各一升、玉沙糖一斤, 拌均. 別用糯米二升漬水, 磨之爲濃泔, 投三味于其中, 以文火煎之. 以木篦徐煉半日許, 成七分時, 入濕飴二斤半, 再煉爲半分卽成.
撒麪於板盤, 攤之, 待冷三日許. 切如墨形, 而糝麪盛器, 最爲上品軟甘美.

재료: 칡가루 100g, 고사리 가루 100g, 옥설탕 100g, 찹쌀 200g, 물엿 250mL, 물 1.2L, 밀가루 적당량, 기름 적당량

만드는 법

1 칡가루, 고사리 가루, 옥설탕을 섞는다
2 찹쌀을 깨끗이 씻어 불려 갈아서 물을 넣고 진한 즙을 만든다.
3 이 안에 3가지 재료를 넣고 약불에서 달인다.
4 나무주걱으로 저으면서 천천히 고아 7/10 정도까지 졸인다.
5 여기에 물엿을 넣고 다시 점도를 봐가며 반 이하로 졸여 완성한다.
6 기름을 두른 판에 5를 붓고 시원한 곳에서 식힌다.
7 한 면에 밀가루를 뿌리고 뒤집어 다시 밀가루를 뿌린다.
8 칼로 먹 모양으로 자르고 다시 밀가루를 뿌려 낸다.

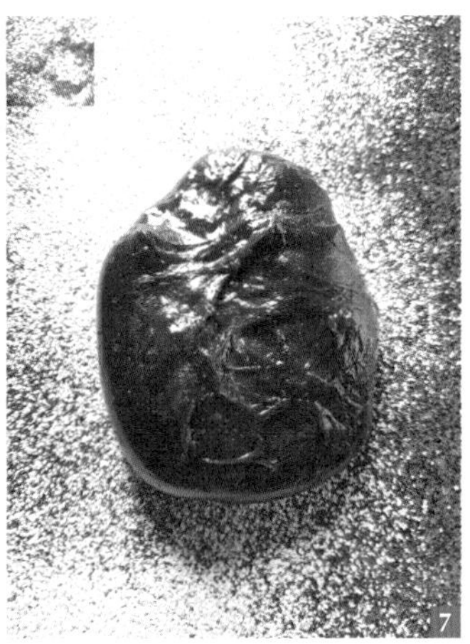

구비당은 귀한 고사리 가루가 들어간다. 고사리 전분은 궐분(蕨粉)이라고도 하는데 고사리 뿌리에서 채취한다. 색이 조금 어둡고 덩어리져 있어 체로 부수듯 쳐서 써야 한다. 예전에는 구황식으로 쓰였다고 한다. 일본에서는 모찌의 재료로 쓰이는데 최상품으로 쳐준다. 고사리 전분은 마치 비누처럼 매끄러워 젤리 같은 식감을 주면서도 약한 향이 느껴진다.

칡가루는 고급 재료로 향이 있고 특유의 맛이 있다. 그저 달기만 한 게 아니라 쓰고 매끄러운 질감이 있어 어른들의 입맛에 잘 맞다. 찹쌀을 졸여서 만들기 때문에 시간도 많이 걸리고 잠시만 한눈을 팔아도 눌어붙기 십상이다. 끝나는 순간까지 한시도 자리를 뜰 수 없다. 구비당은 고급 전분류가 다 들어간 귀한 과자다.

고사리와 칡은 식이섬유가 풍부해 변비를 예방하고 독소 배출에 탁월하며 몸의 부기도 빼 준다. 칡은 식물성 에스트로겐인 다이드제인(Daidzein)이 풍부해 갱년기 여성에게 좋고 숙취 해소에도 도움을 준다.

tip. 가루는 모두 덩어리 없게 충분히 풀어줘야 한다. 즙을 한 번 체에 내려줘도 좋다. 눌어붙기 쉬우므로 밑바닥까지 저어준다. 완성될 무렵 물엿 10mL 정도 넣고 저어주면 윤기가 난다. 물은 상황을 봐가며 나눠서 넣어준다.

구비당 2

쫀득한 옥설탕 향의 젤리바

구비당(求肥糖) 2

다른 방법: 찹쌀가루 0.1두, 옥설탕 0.1두를 물 0.6두로 달인 다음 불순물을 없애고 찹쌀가루를 고는데, 모두 6/10 정도 되었을 때 습이 2.5근을 넣고 다시 고아서 완성시킨다. 나머지는 앞의 방법과 같으며 이는 중품이다. 맛은 비록 감미롭지만 조금 딱딱하다.【안 이하의 내용은 모두 일본식 제조법이다.】

求肥糖 2

又法: 用糯粉一升、玉沙糖一升, 以水六升煎, 去埃, 煉糯粉, 凡成六分時, 入濕飴二斤半, 再煉之成. 餘同前法, 乃中品也. 雖甘美, 稍硬.【案 已下竝倭造法.】

재료: 찹쌀가루 100g, 옥설탕 100g, 물 600mL, 물엿 250mL, 밀가루 적당량

만드는 법

1 물에 옥설탕과 찹쌀가루를 넣고 풀어준다.
2 중불에서 저어주며 끓이다가 약불로 낮추고 계속 저어준다.
3 전체 양의 6할 정도 되었을 때 물엿을 넣고 다시 고아준다.
4 바닥에서 눌으면서 젓기 힘들 정도로 빽빽해질 때까지 저어준다.
5 쟁반에 밀가루를 뿌리고 4를 부어준다.
6 위에도 가루를 뿌려준다.
7 충분히 식힌 후 2×6cm로 자른다.
8 밀가루를 필요한 곳에 붙지 않게 충분히 뿌리고 그릇에 담는다.

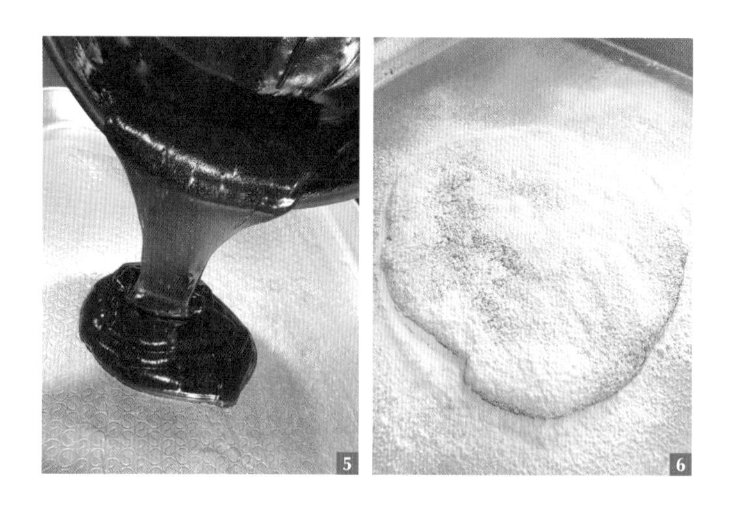

tip. 불을 약하게 하고 2시간 이상 고아준다. 밀가루는 체로 쳐서 뿌려야 곱게 발라진다.

찹쌀전분이 들어가 쫀득하면서도 옥설탕의 즙이 주는 향미가 잘 어우러진 찹쌀떡이다. 모찌같이 말랑하면서도 질긴 느낌이 있어 젤리를 씹는 것 같은 재미도 느껴진다. 단자의 제법처럼 익혀 치는 대신 찹쌀가루를 오래오래 당분과 함께 졸였기 때문에 건조한 듯하면서도 쫄깃하고 질긴 식감이 만들어진다.

덩어리와 불순물이 없어야 나중에 만들었을 때 기포가 생기지 않는다. 습기가 있으면서도 매끈한 게 탄력 있는 아기 피부같다. 옥설탕은 사탕수수 즙을 정제하지 않고 만들어 불순물이 많지만 특유의 독특한 풍미를 가지고 있다. 설탕 자체에 수분을 많이 함유하고 있고 생산지역의 토양의 영향을 받아 서로 다른 미네랄 성분을 함유하고 있다. 맛이 깔끔하지는 않지만 개성 있는 맛을 표현하고 싶을 때 사용한다.

구비당은 끈기가 있고 빨리 굳는 성질이 있어 화과자의 속 재료로 쓰거나 단맛이 있어 차와 함께 먹으면 잘 어울린다. 화과자를 만드는 기본틀이 된다. 투명하면서도 쫄깃해 팥빙수에 넣거나 과일을 싸거나 크레이프 속에 넣을 수도 있다.

가수저라

카스텔라의 연원을 찾아서

가수저라(加須底羅, 카스텔라)

화한삼재도회 깨끗한 밀가루 1근, 백설탕 2근을 계란 8개의 노른자[內汁]와 반죽한다. 동(銅)으로 된 노구솥에 반죽을 넣고 숯불로 달여 황색이 되면 대나무 침으로 오목한 구멍을 내서 불기운이 안으로 들어가게 한다. 그런 뒤 꺼내어 잘라서 쓰면 최상품이다.

加須底羅

又 淨麪一斤、白沙糖二斤, 用鷄卵八箇內汁溲和. 以銅鍋炭火熬, 令黃色, 用竹針爲窠孔, 使火氣透於中, 取出切用, 最爲上品.

재료: 박력분 73g, 백설탕 120g, 계란 노른자 5개, 식용유 10mL, 소금 0.8g

만드는 법

1 계란을 깨서 노른자만 취해 휘저어 준다.
2 여기에 설탕을 넣어 가며 저어 섞는다.
3 기포가 꺼지지 않게 치다가 부드럽게 섞이면 박력분을 체에 내려 소금을 넣고 함께 섞는다.
4 반죽을 체에 다시 한번 내려준다.
5 식용유를 두른 동그릇에 반죽을 부어 숯불에서 익힌다.
6 반죽이 부풀어 익으면 대나무로 찔러 주고 식으면 꺼내 담는다.

tip. 설탕 함량이 높아 잘 익지 않을 수 있다. 반죽액을 너무 많이 붓지 않는다. (오븐을 사용할 경우 165도에서 25분 정도 굽는다.) 노른자는 충분히 쳐서 기포가 생기게 만든다.

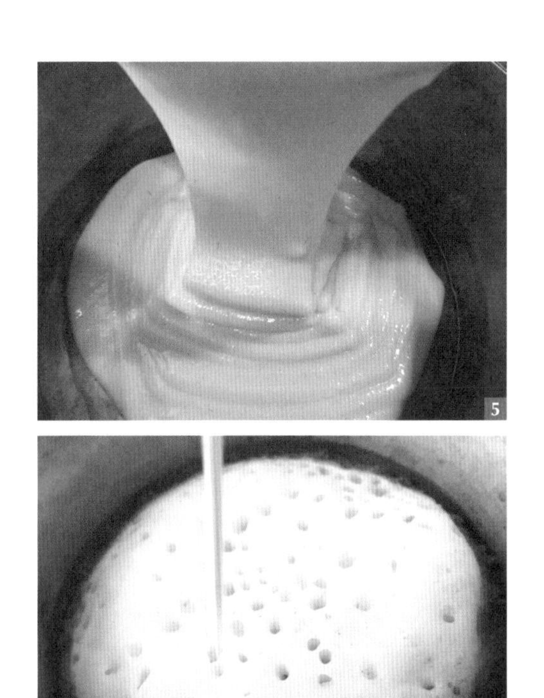

밀가루와 설탕, 계란 노른자만으로 만든 가수저라는 밀가루와 설탕이 귀해 당시에는 대단한 사치품이었다. 숙종이 말년에 입맛을 잃었을 때 어의(御醫) 이시필(李時弼)이 연경에서 먹었던 계란떡을 내국에서 만들었지만 성공하지는 못했다는 기록이 보인다.

포르투갈 사람들이 중국과 일본에 전해 주었다고 하는데 여러 기록 속에 등장한다. 〈정조지〉 속 제법은 설탕량이 많고 계란 흰자 거품을 올려 기포를 내지도 않고 우유나 버터 같은 유지도 쓴다는 언급이 없다. 역으로 현재 만들어지는 카스텔라에는 꿀, 물엿, 버터, 우유 등 들어가는 재료의 가짓수도 늘고 〈정조지〉의 조리법과는 차이가 있다.

계란 흰자로 머랭을 만드는 과정이 없어 염려했던 것과는 달리 반죽은 붕 부풀어 오른다. 열원과 기타 조건에 따라 달라지지만, 설탕과 노른자를 통해 캐러멜 맛도 나고 황금색에 향이 좋다.
밀가루, 백설탕, 계란 노른자를 쳐서 혼합해 주는 것만으로도 공기를 함유하게 하고 노른자의 인지질인 레시틴(Lecithin)이 천연 유화제 역할을 한다. 노른자는 가수저라 특유의 먹음직스럽고 부드러운 식감과 색, 향을 내는 결정적 역할을 한다.
또한, 달걀과 설탕이 만나 당분과 아미노산이 마이야르 반응(Maillard reaction)을 일으켜 달짝지근한 향과 치명적인 갈색을 만들어 낸다.
설탕량이 보통 우리가 만들어 먹는 카스텔라의 2배 정도로 많은데 원래 카스텔라는 장기간 상하지 않게 하기 위해 설탕을 절여질 정도로 많이 넣었다고 한다. 많이 부풀리기보다는 보존성에 초점이 맞춰져 과자같이 건조한 겉면과 달고 부드러운 속의 대비가 두드러지게 만들었다.
 두꺼운 노구솥에 구워 천천히 당분이 표면 위로 올라오면서 갈변된 설탕이 내는 색과 향, 안쪽의 부드러운 식감이 당시 사람들을 매혹시켰을 것이다. 겉과 속이 다른 반전의 매력은 시대를 초월해 유효하다.

아류평당

호두 모양의 둥근 사탕

아류평당(阿留平糖)

화한삼재도회 만드는 방법은 아래의 발석당(浡石糖)과 같으며, 둥근 모양이 호두와 같다.

阿留平糖

又 與浡石糖同, 而狀團如胡桃.

재료: 빙사당 230g, 물 150mL, 물엿 35mL, 식초 4~5mL(계란 흰자 생략 가능)

만드는 법

1 빙사당 1근을 곱게 빻은 다음 고운체에 내린다.

2 냄비에 물을 붓고 빙사당 가루를 넣고 녹인다.

3 중불에서 물엿, 빙사당 녹인 물을 올리고 보글보글 끓인다.

4 불순물이 뜨면 거품과 함께 수시로 걷어 낸다.

5 찬물을 붓에 묻혀 여분의 물기를 짠 뒤 냄비 가장자리에 설탕이 타지 않도록 수시로 발라준다.

6 반죽에 식초를 넣은 후 150도가 될 때까지 끓여준다.

7 반죽을 석판에 부어 잠시 식힌다.

8 가장자리부터 말아가며 공기를 빼고 반죽을 늘려준다.

9 반죽을 쥐어 둥글게 짜서 가위로 자른 다음 둥글게 만든다.

10 칼이나 가윗날을 이용해 굳기 전에 세로로 줄무늬를 넣는다.

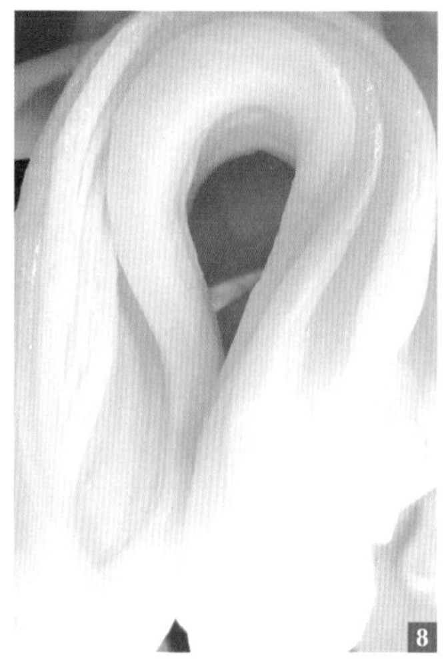
8

10

아류평당은 발석당과 만드는 법이 같다. 발석당과 달리 둥근 사탕 형태로 만들기 때문에 설탕 반죽을 150도까지 끓여준다. 성형 과정에서 반죽을 쥐어 둥글게 짜면서 가위로 자른 다음 손바닥을 이용해 둥글게 굴려준다. 호두 모양으로 볼륨감 있게 만들어 굳기 전에 표면에 세로로 줄무늬를 넣어준다.

tip. 실온에서 점도와 굳는 시간을 고려해 성형을 적절하게 진행해야 모양이 매끄럽게 잘 나온다.

인삼당

홍화꽃잎이 담긴 호박빛의 달콤함

인삼당(人蔘糖)

화한삼재도회 발석당이 아직 엿과 같은 상태가 되기 전에, 홍화의 누런 즙을 섞고 식힌 다음 길이 0.2~0.3척으로 자른다. 그 모양과 빛깔이 대략 인삼과 비슷하거나 또는 호박색과 비슷하면 가장 좋은 제품이다.

《오잡조(五雜組)》에 "호박당(琥珀糖)은 색이 호박과 같다."라 하였는데, 이는 지금의 인삼당(人蔘糖)이다. 또 "왜사당(倭絲糖)은 그 가늘기가 대나무실[竹絲]과 같고 묶어서 타래를 만들어 먹는데, 볶은 밀가루 향기가 있다."라 하였는데, 이는 바로 지금의 아류평당(阿留平糖)이다.

人蔘糖

又 浡石糖未成如飴時, 和紅花黃汁冷定, 切長二三寸. 形色略似人蔘, 又似琥珀色, 最佳品.

《五雜組》云 "琥珀糖, 色如琥珀", 卽今之人蔘糖, 又云:"倭絲糖, 其細如竹絲, 而扭成團食之, 有焦麪氣", 乃今之阿留平糖.

재료: 빙사당 230g, 물 150mL, 물엿 35mL, 식초 4~5mL(계란 흰자 생략 가능), 홍화즙 적당량(색이 날 정도로 농도나 양을 조절한다)

만드는 법

1 발석당이 아직 엿과 같은 상태가 되기 전에 홍화의 누런 즙을 섞는다.
2 식힌 다음 길이 6~9cm 길이로 자른다.

발석당이 아직 엿 상태일 때 홍화의 누런 즙을 섞어 식힌다. 식힌 다음 6~9cm 길이로 먹기 좋게 자른다. 인삼과 비슷하거나 호박색이 가장 좋은 제품이다. 《오잡조(五雜粗)》에 나오는 호박당이 인삼당이다.
《오잡조》에 "왜사당은 굵기가 대나무실 같고 타래 모양이고 볶은 밀가루 향이 난다."라고 하였는데, 이는 바로 아류평당이다. 타래 모양을 만들 때는 130도로 반죽의 온도를 맞춘다.

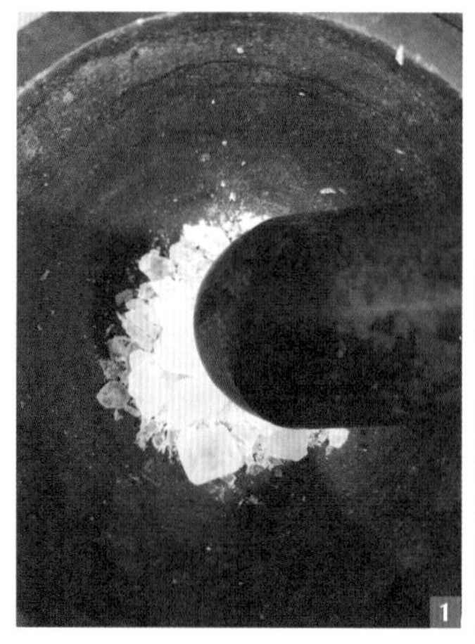
1

2

발석당

고드름을 먹는 기분

발석당(浡石糖)

화한삼재도회 빙사당(氷沙糖) 1근을 동으로 된 노구솥에 넣고 물 0.04두로 달인다. 계란 1개를 가져다 노른자를 버리고 흰자만 넣으면 설탕의 불순물이 떠오른다. 이 불순물을 걷어서 버리면 사당밀(沙糖蜜)이 된다. 이를 식히면 당즙이 엿과 같이 굳는다. 두 사람이 이를 마주잡고 당기면 깨끗하고 하얀 것이 엿의 힘줄인 듯 늘어난다. 이를 둥글게 자를지 곧게 자를지는 뜻대로 정하여 만든다.

浡石糖

又 氷沙糖一斤, 以銅鍋, 水四合煎. 取鷄卵一箇, 去黃以白汁投之, 則沙糖塵浮起. 扱去其塵, 爲沙糖蜜, 冷定則糖汁凝如飴. 兩人對牽之, 潔白如餳筋起, 切之曲直, 任意造之.

재료: 빙사당 230g, 물 150mL, 물엿 35mL, 식초 4~5mL(계란 흰자 생략 가능)

만드는 법

1 빙사당 1근을 곱게 빻은 다음 고운체에 내린다.
2 냄비에 물을 붓고 빙사당 가루를 넣고 녹인다.
3 중불에서 물엿, 빙사당 녹인 물을 올리고 보글보글 끓인다.
4 불순물이 뜨면 거품과 함께 수시로 걷어 낸다.
5 찬물을 붓에 묻혀 여분의 물기를 짠 뒤 냄비 가장자리에 설탕이 타지 않도록 수시로 발라준다.
6 130도 정도로 졸인다.
7 식초를 넣고 136도가 넘지 않게 한 다음 석판 위에 부어 식힌다.
8 가장자리부터 말아가면서 반죽을 눌러 공기를 빼 준다.
9 설탕 반죽의 굳기를 맞춰 늘리면서 반죽을 접어준다.
10 반죽을 늘려 엿을 만든 후 가위로 곧게 자른다.
11 차가운 곳에서 굳힌 후 습기가 들어가지 않게 서늘한 곳에 보관한다.

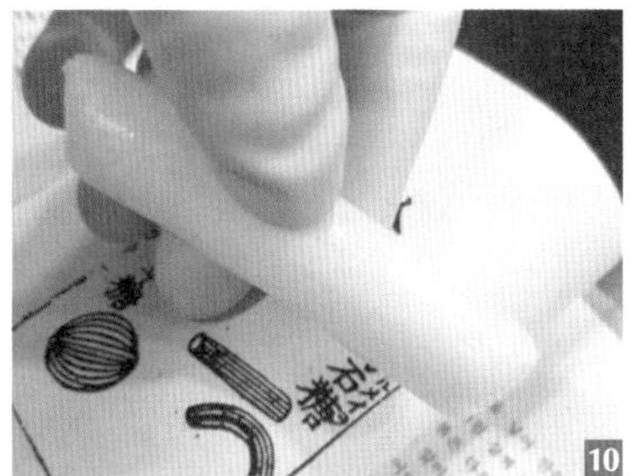

동솥은 열전도율이 높아 쉽게 뜨거워지지만 타기 쉬워 주의가 필요하다. 밑이 둥글어 열이 고르게 가는 장점이 있는 반면 손잡이를 잘 잡고 다루지 않으면 엎어지기 쉬워 주의해야 한다. 밑이 두꺼운 스테인리스 냄비는 예열 시간이 길어도 열 안정성이 뛰어나고 부식에도 강해 설탕을 끓이는 데 무난하게 쓸 수 있다.

발석당은 빙사당을 써서 물과 함께 끓여 불순물을 제거하고 반죽을 부어 식힌 후 잡아늘려 만든 설탕과자다. 엿과 사탕의 중간 단계로 설탕의 성질을 잘 이해해서 온도와 습도에 유의해야 원하는 모양을 만들 수 있다. 엿은 반죽물이 140도를 넘지 않게 주의해야 한다. 150도가 되면 결정이 맑고 투명하게 형성돼 사탕이 된다. 설탕 반죽 속에 공기와 이물질이 없어야 반죽이 결정 없이 광택과 신장성이 증가한다. 반죽을 누르듯이 접어 공기층을 빼 주고 늘릴 때도 지긋이 잡아늘려야 공기와 접촉해 하얗게 변한다. 물엿을 조금 첨가하면 부족한 수분을 보충해 광택을 주고 신장성을 좋게 해줘 빙사당이 빠르게 결정화하려는 시간을 지연시킬 수 있다.

한·중·일 삼국은 서로 영향을 주고받으면서도 각자만의 과자 문화를 발전시켰다. 중국은 과자의 보존력을 높이기 위해 특히 구운 월병류(月餠類), 밀가루로 만든 구운 빵 샤오빙[烧饼], 군만두 형태의 궈테[锅贴] 같은 튀긴 과자류의 다양한 후식류가 발달했다. 한국은 정과, 과편, 설탕과자, 엿강정, 유밀과, 유과, 다식, 숙실과 등이 발달했다. 일본은 16세기 들어서 에도 시대까지 포르투갈 상선을 통해 나가사키[長崎] 등에서 교역을 했고 그들과의 무역을 남만 무역이라 칭했다. 그 영향으로 카스텔라를 비롯해 서양의 당과류를 남만 과자(南蠻菓子)라 칭하고 받아들였다. 서양의 당과류를 자기화해 다양한 형태의 화과자로 발전시켰다.

일본 화과자는 우리가 즐겨 먹고 있는 센베이[煎餅], 양갱(羊羹), 오카시[お菓子], 만주[饅頭]라는 일본식 명칭이 그대로 쓰였다. 고소하고 매끄럽고 바삭한 맛으로 우리에게 친숙하다. 한천을 활용해 투명도와 보존성을 높인 화과자를 발전시켰다. 무로마치[室町] 시대 말 일본 남단 규슈 지방에서 사탕수수를 재배해 설탕이 생산되었으나 양이 많지 않았다. 일본은 각 지역마다 지역을 대표하는 설탕이 생산되고 설탕을 활용한 과자류가 발달할 수 있었다. 지금도 아사쿠라[朝倉] 지역에서 미나기[美奈宜] 사토우[雪糖, 설탕]는 옛날 제조법을 그대로 살려 착즙 후 장작으로 가열 가공하고 있다.

일본은 음식이 비교적 순하고 단맛을 선호해 단맛의 전통과자도 여전히 사랑받고 있다. 다도 문화와 더불어 과자 속에도 사계를 담아 섬세하게 자연을 표현하는 문화 덕분에 화과자의 독창적인 세계가 만들어질 수 있었다.

유평당(有平糖, 아루헤이토)은 설탕을 졸여서 만든 과자의 일종으로 포르투갈에서 들어온 남만과자로 불렸다. 어원은 알페로아(Alfeloa, 당밀로 만든 갈색 막대기 모양)나 알페님(Alfenim, 설탕으로 만든 흰색 설탕과자)이라는 포르투갈어로 알려졌다. 알페님은 포르투갈 마데이라(Madeira) 섬에서도 고가의 과자였다고 한다. 마데이라 섬의 섬사람들이 자작에게 보낸 편지에는 "알페님은 부자밖에 먹을 수 없다."라고 써 있었다고 한다. 헌상품으로 쓰였고 18세기에 이르러서야 서민 계층도 접할 수 있게 된다.

별사탕으로 알려진 콘페이토[金平糖]와 함께 돌처럼 딱딱한 캔디로 아류평당(阿留平糖), 빙사당이라고도 표기한다. 아류평당처럼 둥근 호두 모양에 줄이 가거나 긴 막대 모양이 주를 이루다가 모양을 내는 기술이 다양해져 늘려서 모양을 내고 공기를 주입해 부풀리는 등 세공 기술이 발달하게 된다.

공예적인 요소가 강해지면서 장식의 한 분야로 발달했지만 투박하게 맛의 본질에 충실한 다양한 당과류도 함께 발전했다.

tip. 계란 흰자는 불순물을 잡아주는 역할을 하는데 요즘 설탕은 불순물이 많지 않아 거르지 않아도 돼 생략했다. 반죽이 굳으면 레인지에서 10초 정도 돌려준다. 식초나 레몬즙을 조금 첨가해 반죽이 빨리 굳는 것을 막는다.

당화

개구리알을 닮은 깨볼 사탕

당화(糖花)

화한삼재도회 덩어리가 큰 백설탕으로 앞의 방법과 같이 계란을 넣어 만든다. 여기에 밀가루를 조금 넣고 고(膏)처럼 살짝 달인다. 따로 동으로 된 노구솥에 참깨를 볶은 다음 위의 당고(糖膏)를 천천히 넣으면 참깨 한 알마다 당고 옷이 입혀지는 것도 하나의 신기한 일이다. 불의 세기는 중간불로 해야 한다. 손가락으로 참깨 반죽을 뭉쳐 모양을 만든다. 노구솥 바닥에 눌어붙은 설탕가루를 긁고 거친 가루를 취하여 쌀가루 모양처럼 되도록 살짝 뒤적인다.

다음으로 당고를 넣어 뭉쳐서 둥근 환으로 만들면 덩이의 겉에 자잘한 돌기들(당설가루)이 묻어난다. 이는 개구리자리[石龍芮]의 씨와 같이 생겼으면서 아주 희다. 나가사키[長崎] 사람들이 가장 잘 만들고 교토[京師]와 오사카[坂陽]에서도 만들지만 그보다는 조금 못하다.

【안 중국의 화당점오채(花糖點五采)는 꽃의 색을 본떴으나 맛과 모양과 질은 모두 일본산에 못 미친다.】

糖花

又 用大白沙糖, 如前法, 以鷄卵製, 入麪少許, 略煎如膏. 別以銅鍋, 熬胡麻于中, 徐入上件糖膏, 則胡麻每一粒被衣, 亦一奇也. 火之文武, 宜得其中. 以指搏之, 所粘着於鍋底之糖屑, 刮取粗末, 令如米屑略轉之. 次入糖膏而摶爲團丸, 則生細瘥瘰, 似石龍芮子而潔白也. 長崎人最能之, 京師、坂陽亦作之, 稍劣矣.【案 中國花糖點五采, 以象花色, 然味與形質, 俱不及倭造.】

재료: 백설탕 217g, 물 140mL, 계란 흰자 1개 분량, 밀가루 20g,
참깨 120g, 당설(糖屑) 가루 적당량

만드는 법

1 백설탕을 준비해 물을 넣고 끓이다가 계란 흰자를 넣어 불순물을 제거한다.
2 여기에 밀가루를 넣고 고처럼 살짝 달인다.
3 동으로 된 노구솥에 참깨를 볶은 다음 위의 당고를 천천히 넣으면 참깨 한 알마다 당고 옷이 입혀진다. 불은 중간불로 한다.
4 손가락으로 참깨 반죽을 뭉쳐 모양을 만든다.
5 솥바닥에 눌어붙은 설탕가루를 긁고 거친 가루를 취하여 쌀가루 모양처럼 되도록 살짝 뒤적인다.
6 당고를 넣어 뭉쳐서 둥근 환으로 만들어 당설 가루를 묻힌다.

tip. 시럽 형태를 만들고 싶으면 끓일 때 절대 저어서는 안 된다. 130도 정도에서 멈추고 설탕가루는 150도 정도에서 단단한 결정을 형성한다. 설탕 가루를 많이 묻히고 싶으면 사탕 표면에 습기를 주고 반복해서 설탕가루를 입힌다.

당화는 만드는 재미도 있고 과정도 신기하다. 개구리알이 투명막에 싸인 모습과 닮아 있어 들여다볼수록 신기하다. 깨를 설탕시럽에 묻히는 것은 우리나라 깨강정을 만드는 것과 비슷한데 당고처럼 둥글게 뭉쳐 설탕 가루를 묻혀 굳히면 사탕이 된다. 깨사탕이라 단단하기 때문에 입에 넣고 조금씩 녹이면서 씹어 먹어야 한다.

백설탕을 잘 끓여야 원하는 강도의 엿이나 사탕이 된다. 불순물을 잘 걷어내야 매끈한 반죽을 얻을 수 있다. 공기를 잘 빼지 않은 반죽에는 많은 기공이 보이는데 기공에는 수분과 공기를 포함하고 있어 수분을 흡수하는 역할을 한다. 불로 표면을 지지면 표면이 녹으면서 기공이 사라지고 광택이 난다. 공기층이 없어지면서 습기 침투가 안 돼 습도가 높은 날 사탕 표면에 물기가 맺히는 현상을 볼 수 있다. 그만큼 설탕은 온도와 습도에 민감하다. 반죽을 잘하고 공기를 잘 빼야 원하는 신장성(伸長性)과 광택을 얻을 수 있다. 당설(糖屑) 가루가 묻어 희고 개구리자리씨 같은데 나가사키 사람들이 가장 잘 만들고 교토, 오사카 사람들은 그만 못하다고 〈정조지〉에 나와 있다. 중국의 화당점오채(花糖點五采)는 꽃의 색을 본떴으나 맛과 모양과 질은 모두 일본산에 못 미친다고 했다.

◇ 사탕과 엿 만들 때 주의할 점

1 설탕을 끓일 때는 냄비 가장자리의 설탕액이 캐러멜화돼서 타기 전에 찬물 붓질을 해준다.

2 붓은 찬물을 짜서 설탕액에 물이 들어가지 않게 한다.

3 물엿은 설탕액의 온도가 떨어지기 전에 넣는다.

4 사탕을 만들려면 150도로 좀 센불에서 끓이다가 산(酸) 성분을 넣는다.

5 맛과 색을 내는 성분은 140~150도일 때 넣는다. 미리 넣으면 반죽의 물성이 달라져 원하는 기능을 얻을 수 없다.

6 이소말트는 용해성이 뛰어나 끓이기 편하고 강도가 세지만 충격에 약하다. 습기를 빨아들이면 광택이 사라진다. 설탕은 습기를 빨아들이면 녹는 성질이 있지만 광택이 유지된다. 설탕으로 만들면 색이 갈색을 띄기 쉽다.

7 이소말트는 수분을 제거했지만 물엿과 산을 넣어 줘야 강도와 윤기가 생긴다.

8 산을 넣은 다음은 저어서 완전히 섞어 줘야 결정이 안 생긴다.

9 끓인 당액은 살짝 식혀서 붓는다.

10 반죽은 전체적으로 되기와 온도를 맞춰 줘야 한다.

11 반죽은 가장자리부터 온도가 떨어지기 때문에 안쪽으로 말아준다.

12 반죽은 따뜻한 곳에 놓고 해야 굳지 않는다. 굳으면 레인지에 10초 간격으로 녹여 사용한다.

13 빙사당 같은 가공당은 캐러멜화가 빨리 진행되므로 물의 양을 10% 정도 증량해 준다.

14 설탕 반죽을 늘릴 때는 세게 잡아당기면 윤기가 덜 나고 거칠어질 수 있어 지긋하게 늘이되 빠르게 접으면서 진행한다.

15 과포화 설탕용액에 계란 흰자, 우유 등 설탕 이외의 물질을 넣으면 설탕의 결정 주위를 둘러싸 결정이 잘 생기지 않는다.
원하는 사탕의 종류에 따라 이물질을 넣고 뺄지를 결정한다.

◇ 설탕 공예의 역사

아열대 작물인 설탕의 역사는 기원전 4000년경 파푸아 뉴기니 원주민들이 사탕수수를 수확하면서 시작된 것으로 보인다. 기록된 첫 번째 사탕에 관한 레시피는 기원전 3500년경 이집트 상형문자로 기록되어 있는 것이 발견됐다. 설탕 공예는 전 세계에서 지속적으로 발전해 온 예술이다.

오늘날의 터키가 된 오스만 제국에서는 정교한 정원과 설탕으로 된 숫자들을 축제 때나 기념할 게 있을 때 만들었다. 그중에서 가장 화려했던 것은 메흐메트 3세[Mehmed Ⅲ]의 대관식을 축하하기 위해 51일 동안 진행된 축제를 기념하기 위해 만들어진 것들로 희귀하거나 신비롭게 여겨지던 동물은 물론 건축물의 모양을 본뜬 조각들이 만들어졌다.

중세 유럽의 왕족들은 자신들의 재력과 지위를 과시하기 위한 상징으로 설탕 조각상들을 택하곤 했다. 헨리 8세[Henry Ⅷ]는 자기 제빵사들에게 자신이 소유한 요새들과 대포들을 축소한 설탕 조각들을 만들게 시켰다고 한다. 다분히 정치적인 의도를 표현하기도 했다. 1429년 헨리 6세의 대관식 때 크림타르트 위에서 설탕 표범이 엎드려 백합 문양을 취하는 모습을 만들었다고 기록되어 있다. 그렇게 만들어진 설탕 조각들은 귀족들간 대화의 물꼬를 트는 역할뿐만 아니라 화려한 연회장의 그늘막 속 여분의 공간에서 사람들의 지루함을 달래주는 역할도 했다.

설탕 공예는 이제 더 이상 귀족과 왕족의 전유물이 아니다. 하지만 여전히 결혼식장의 분위기를 돋워주는 화려한 웨딩 장식이나 아이들은 물론 어른들까지도 환상의 세계로 이끄는 크리스마스 모형 집을 만드는 데 쓰이고 있다. 선물을 주고받는 데 특별한 의미를 담고 싶은 젊은이들 사이에서 장식용 꽃이나 미니어처, 집안의 인테리어 소품으로도 활용되고 있다.

제 2 장

포과
(脯菓, 말린 과일)

포과는 과실을 얇게 썰어 볕에 말려 만든다. 수분이 많은 과일은 소금에 절여 수분을 빼고 난 후 눌러 과육을 말리기도 하고 소금이나 소금물에 절이면서 말리기도 한다. 볕에 말리거나 불에 말리면서 신맛, 떫은맛이 줄어들고 단맛과 짠맛이 조화와 균형을 이룬 과줄로 완성된다.

곶감은 처마 밑에 주렁주렁 매달려 바람에 흔들리는 풍경 소리가 된다. 된서리 내리는 늦가을을 지나 품고 내뱉기를 60여 일, 시상이 뽀얗게 올라올 무렵 다디단 곶감은 집 나서는 객의 보따리 속에 들려 있다.

나직나직 정담이 오가는 시간, 찻상에 놓인 정갈한 다식은 입안에서 살포시 첫눈마냥 녹아내린다. 늦가을의 풍요로운 들판에 넘치는 과실과 곡식은 빻고, 뭉치고 빚어 긴 겨울 지나 봄을 맞을 때까지 배고픔을 견디게 해줬다.

빛과 바람이 만들어 준 성찬

과포, 어포, 육포

포과는 수분이 많은 제철 과일을 볕에 말려 두었다가 과일이 나지 않는 계절에 먹을 수 있게 저장하는 방법이다. 탱탱하고 과즙이 넘치던 과피(果皮)가 쭈글쭈글해지면서 나이 들어가지만 먹어 보면 응축된 새로운 맛을 느낄 수 있다. 바람과 볕을 견딘 말린 과실은 씹는 맛이 생기고 햇볕을 받는 동안 영양소가 더 강화된다. 단맛은 더 강해지고 씹는 데서 오는 감칠맛이 생긴다.

낮과 밤의 길이가 같은 추분이 지나면 밤이 조금씩 길어지고 여름 뙤약볕에 무르익은 곡식과 과일을 수확하기 시작한다. 귀뚜라미와 풀벌레가 스렁스렁 울기 시작하면 건조하면서 마지막 습기를 날리는 가을바람이 불기 시작한다. 볕 좋고 바람 좋은 날 내어놓은 소쿠리 속의 과일과 산나물, 푸성귀는 내놓기가 무섭게 잘도 마른다.

말리는 과정에서 볕과 바람이 잘 부는 날을 골라 잘 거두고 갈무리를 잘해야 한다. 방심해서 비라도 맞히면 그동안 들인 노고가 허사가 된다. 뒤집어주고 잘 돌봐주어야 바람과 볕이 만들어 준 성찬을 들 수 있다. 자연과 함께 기꺼이 즐거움을 느끼고자 하면 더 많은 것을 얻을 수 있다.

지난 세대 어머니들은 항상 다음 계절을 대비하며 뭔가를 끊임없이 말리고 계셨다. 식량이 귀한 시절을 견디며 생긴 지혜로 늘 대비를 하는 게 어린 시절에는 신기하기만 했다. 그 가치를 모르고 지내다 죽순을 말리면 고기 씹는 맛이 생기고 과일을 말리면 쫄깃한 식감이 생기는 경험을 하면서 생각이 달라졌다.

식감을 다양하게 느껴야 미각이 발달하게 된다. 쫀득쫀득, 짤깃짤깃, 쫄깃쫄깃 말린 식품에서 혀와 이가 느낄 수 있는 즐거움이다.

과일과 채소류를 말려 두었다가 용도와 수분 함유량에 따라 그대로 쓰기도 하고 불려서 생생하게 만드는 법을 오랜 경험 속에서 터득했다. 말려 둔 호박고지는 떡에 넣으면 콕콕 박혀 따로 노는 콩들을 넉넉하게 품어줬다. 호박의 단내가 정겹게 나는 호박고지에 잘 익은 가을 햇살이 가득하다. 엄마는 똑같은 반찬에 투정이 심한 어린 딸을 위해 잘 말려 두었던 사과, 무화과 말랭이, 밤, 건포도, 대추를 꺼낸다. 멥쌀가루와 팥가루를 섞어 떡을 쪄주면 어린 것 얼굴에 함박웃음이 피어 났다.

지금은 수분이 많은 딸기, 망고, 사과 등 어떤 과일이든 동결 건조법을 활용해 향과 맛, 조직을 살려 건조시키고 있다. 가정에서도 열풍건조기를 사용해 쉽게 식품을 건조할 수 있다. 위생적이고 편리하지만, 자연건조가 주는 자연스럽고 소박한 맛을 따라가기는 어렵다. 건조의 정도에 따라 식품이 변하면서 주는 식감의 차이는 먹는 사람에게 큰 기쁨을 준다.

총론

말린 고기를 '포(脯)'라고 하지만 과실을 말린 것도 '포(脯)'라 한다. 이는 얇게 쪼개서 볕에 말린 과일이 고기로 만든 음식에 말린 포가 있는 것과 같기 때문이다. 말리고 나서 가루 낸 것을 '과유(菓油)'·'과면(菓麪)'이라고 한다【안 과유와 과면은 모두 건구류(乾糗類, 구면지류)에 보인다】.

가루 낸 것을 꿀로 반죽하여 찍어낸 것을 '과병(菓餠)'이라고 한다. 우리나라 사람들은 이것을 '다식(茶食)'이라고 한다. 다식이란 차를 마실 때 먹는 음식을 말한다. 이 몇 가지는 모두 볕에 말려서 만드는 것으로 형태는 다르지만 종류는 같다.《옹치잡지》

總論

乾肉曰"脯"而菓之乾者亦謂之"脯"爲其薄析曝燥, 如肉之有脯也. 旣乾而屑之曰"菓油"、"菓麪"【案 菓油、菓麪, 竝見乾糗類】.

旣屑而蜜溲摸印, 曰"菓餠". 東人謂之"茶食". 茶食者, 茶菓食品之謂也. 是數者, 皆須曬曝而成, 二形而一類者也.《饔饎雜志》

과일로 포를 만들어 두면 식감이 쫄깃해지고 당도가 높아지면서 보존성이 향상된다. 가루를 내면 미숫가루가 되어 휴대가 편한 식량의 역할을 하거나 과병 즉 다식을 만들어 차와 함께 먹을 수도 있다. 다식은 차와 함께 먹기 때문에 조용하게 씹지 않고 입안에서 녹여 먹는 과자로 욕심을 버리고 조용히 먹는 예(禮)의 음식이다.

다식은 만드는 방법도 불을 사용하지 않고 조리방법도 간단해서 정갈하면서 격조가 느껴진다. 다식이 불교와 관련이 깊으며 혼례, 제례, 회갑 같은 의례 음식으로 많이 쓰인 이유다. 곡물, 채소, 열매나 씨앗 가루 등을 꿀이나 설탕 가루와 넣어 만들었기 때문에 색채도 다양하고 맛과 영양이 농축되어 있다.
다식은 다식판에 찍을 때 의례의 성격에 맞게 문양을 선택해 소망과 염원을 담았다. 만드는 사람과 먹는 사람, 받는 대상이 일체가 된 우리 민족의 자연관과 삶의 연원이 고스란히 담긴 아름다운 음식이다.
수(壽), 복(福), 강(康), 녕(寧), 부(富), 귀(貴), 다남(多男) 같은 문자문이나 꽃이나 덩굴 같은 식물 문양이나 동물, 조류, 어류, 곤충류, 갑각류 같은 동물 문양, 기하학적인 문양 등이 있다. 문양이 가지고 있는 상징성과 간결한 조형미를 통해 우리 민족의 빼어난 미감과 내재된 언어를 읽을 수 있다.

행포방

혀끝에 퍼지는 시고 단 살구 향

행포(杏脯, 살구포) 만들기(행포방)

생살구는 볕에 포로 말려 건과(乾菓, 말린 과일)를 만들어 먹을 수 있다.
《본초연의(本草衍義)》

杏脯方

生杏可曬脯作乾菓食之.《本草衍義》

재료: 생살구 20개

만드는 법

1 생살구는 깨끗이 씻어 준비한다.

2 볕에 살구를 말린다.

3 고르게 돌려가며 말리다가 어느 정도 마르면 씨앗을 빼낸다.

4 다시 말리고 원하는 상태가 되면 원래 살구 모양대로 만든다.

tip. 씨를 빼낼 때 살구의 끝을 붙여둬야 나중에 모양을 만들 수 있다.

살구는 과육이 유난히 부드럽고 즙이 많아 오래 보관하기 힘들다. 살구를 말려 두면 오래 보관할 수 있고 과육에 탄력이 생겨 쫄깃해진다. 살구는 나오는 시기가 짧아 아쉬움을 달래기 위해 건과를 만들거나 도행병 같은 떡을 만들어 먹었다.

살구의 신맛이 부담스러우면 당절임 처리를 해 만들면 된다. 건살구는 특히 식이섬유를 풍부하게 함유하고 있어 변비를 예방해 준다. 베타카로틴(Beta-carotene), 니아신(Niacin), 판토텐산(Pantothenic acid), 피리독신(Pyridoxine)은 피부 건강, 노화 방지는 물론 신경전달물질 생산을 돕고 몸 안의 대사를 원활하게 하는 효소에 관여해 생기 있는 몸 상태를 만들어 준다. 또한, 비타민 E, 각종 미네랄이 농축되어 있어 몸의 항상성을 유지하는 데 큰 도움을 준다. 자연건조를 하면 비타민 C 함량이 줄고 칼로리가 높아지고 빛깔은 어두워지지만 장점도 많아진다. 적은 양으로도 다양한 영양소를 취할 수 있어 살구 철에 만들어 두면 떡이나 과자, 음료는 물론 도미조림 같은 다른 요리에도 활용해 볼 수 있다.

살굿빛은 부드럽고 포근하며 건조하면서도 몽환적인 봄날을 닮았다. 살구의 씨는 불려서 갈아 얼굴을 맑게 해주는 미용 재료로 쓰였다. 그러나 살구씨에는 독성이 있어 주의해야 한다. 살구씨로 얼굴을 문지르기보다는 살구포를 먹으면 훨씬 피부에 유익하다. 살구를 먹으면 살구처럼 곱고 탄력 있는 상큼한 피부를 가질 수 있다. 베타카로틴이 많이 들어 있는 껍질까지 같이 먹을 수 있어 더욱 좋다.

이건방

시고 짜고 단맛의 3중주, 선비의 맛을 담다

이건(李乾, 자두 말랭이) **만들기**(이건방)

백리(白李) 만드는 법 : 여름에 나는 자두를 쓴다. 색이 노래지면 바로 따서 소금 속에서 비빈다. 소금기가 스며들어 즙이 나온 뒤에 소금과 같이 볕에 말려 숨이 죽게 했다가 손으로 눌러 납작하게 한다. 이를 다시 볕에 말리고 매우 납작하게 한 다음에야 그친다. 볕을 쬐어 말린 백리는 술 마실 때 끓는 물을 끼얹은 다음 물을 걸러 꿀 속에 넣으면 술안주로 상에 올릴 수 있다. 《왕정농서》

李乾方

作白李法 : 用夏李. 色黃便摘取, 於鹽中挼之. 鹽入汁出, 然後合鹽曬令萎, 手捻之令扁. 復曬, 極扁乃止. 曝使乾, 飮酒時以湯澆之, 漉著蜜中, 可以薦酒.《王氏農書》

재료: 여름에 나는 노란 자두 29개(986g), 소금 100g, 물 1L, 꿀 200mL

만드는 법

1 색이 노랗게 된 자두를 바로 따서 깨끗이 씻는다.
2 물기를 닦아 소금 속에서 비빈다.
3 소금기가 스며들어 즙이 나온 뒤에 소금과 같이 볕에 말려 숨이 죽게 한다.
4 손으로 눌러 납작하게 한다.
5 이를 다시 볕에 말리고 매우 납작하게 한 다음에 그친다.

tip. 말린 백리는 술 마실 때 끓는 물을 끼얹은 다음 찌꺼기를 걸러 꿀 속에 넣으면 술안주로 상에 올릴 수 있다.

자두는 푸른색에서 노란색으로 붉은색으로 변해간다. 노란색일 때는 신맛과 함께 단맛이 막 생기려고 하면서 딱딱하다. 소금에 절여 두면 삼투압에 의해 즙액이 빠지면서 점점 작아진다. 자두를 말리면 맛이 풍부하지는 않지만 나름대로 단맛과 신맛이 있다.

시간이 지나 자두가 마르면 속에 스몄던 염분이 표면으로 올라오면서 하얗게 말라간다. 소금 입자가 올라온 모습이 시간의 무게를 보여준다. 짜고 힘든 세월을 견딘 사람의 모습을 닮았다. 뜨거운 물을 끼얹으면 염분이 녹는다. 꿀에 담갔다 술안주로 먹으면 시고 짜고 끝맛은 부드러운 단맛이 느껴진다. 기름진 안주보다 은은한 3가지 맛이 입안을 깨끗하게 정리해 준다. 사각사각 씹히면서 침샘을 자극해 소화도 잘되게 해준다.

자두는 시고 달며 수분이 많지만 다소 싱겁기도 하다. 자두는 유기산이 많아서 먹으면 피로 해소에 도움을 준다. 포도당과 과당이 들어 있어 먹으면 바로 기운이 난다.

자두에는 칼륨이 많이 들어 있어 나트륨의 배설을 돕는다. 몸의 부종을 막고 식이섬유와 소르비톨(Sorbitol)은 변을 부드럽게 해줘 변비를 예방한다.

자두에 들어 있는 안토시아닌(Anthocyanin)은 항산화 작용을 해 노화를 막아주고 눈의 망막에 있는 로돕신(Rhodopsin)의 재합성도 촉진한다.

그저 달고 화려한 과일이나 디저트의 홍수 속에 소금에 절인 자두포의 맛에서 과포의 깊은 맛과 단순하지만 자연을 담은 본연의 맛을 그대로 느낄 수 있다. 검박하게 생활하며 자신의 삶을 항상 돌아보고 신념을 실천해가는 선비의 모습을 닮은 것이 이건방이다.

매포방 1

매실을 양념으로 만드는 법

매포(梅脯, 매실포) 만들기 1(매포방)

백매(白梅) 만드는 법 : 매실이 시고 씨가 처음 생길 때 따다가 밤에는 소금물에 담그고 낮에는 볕을 쬔다. 일반적으로 10일 동안 만드는데, 물에 10번 담갔다가 볕에 10번 말리면 바로 완성된다. 음식[調鼎]의 양념[和虀]이라서 넣어야 할 곳에 많이 넣는다. 《제민요술》

梅脯方 1

作白梅法 : 梅子酸, 核初成時摘取, 夜以鹽汁漬之, 晝則日曝. 凡作十宿, 十浸十曝便成矣. 調鼎和虀, 所在多入. 《齊民要術》

재료: 어린 청매실 20개(매실 1개 16g), 소금 100g, 물 1L

만드는 법

1 매실이 시고 씨가 처음 생길 때 따다가 깨끗이 씻어 꼭지를 제거한다.
2 밤에는 소금 물에 담그고 낮에는 볕을 쬔다.
3 10일 동안 만드는데 물에 10번 담갔다가 볕에 10번 말려 완성한다.

tip. 매실이 뜨지 않게 눌러준다.

"음식[調鼎]의 양념[和羹]이라서 넣어야 할 곳에 많이 넣는다."라고 하였는데, 예를 들면 〈정조지〉 권5 할팽지류 연계증법(軟鷄蒸法)에 보면 늙은 닭을 삶을 때 산사 몇 알을 넣거나 백매를 넣으면 빨리 익는다고 되어 있다. 여기서 백매의 역할은 조정화제(調鼎和羹) 즉 맛이 다른 식재를 어울리게 조절해 맛의 안정된 균형을 맞춰주고 조화를 이루게 해주는 양념의 역할이라는 의미다.

백매도 하나의 양념으로 매실의 유기산이 육류를 연하게 하고 냄새와 잡맛을 없애는 등 식초와 비슷한 역할을 한다. 우리는 토마토를 단순하게 과일로 먹었지만 토마토는 서양 요리에서 감칠맛을 내는 조미료의 역할을 한다. 시고 단맛이 짠맛에 들어가면 맛의 균형을 맞춰주고 상승 작용을 돕는다.

매실의 씨는 가급적 제거하는 것이 좋은데 아미그달린(Amygdalin)이라는 독성 물질이 있다. 풋과일의 씨앗과 과육에 들어 있어 신경 마비가 일어날 수도 있다. 하지만 건강한 사람은 걱정할 정도는 아니니다.

매실만큼 가공하면서 이름이 많아지는 과실도 드물다. 오매는 청매를 연기로 훈증해 검게 만든 후 구충제로 쓰거나 차를 끓여 먹는다. 일본의 우메보시[梅干]와 중국의 화매까지 다양하다. 말린 매실을 씹으며 차를 마시면 입 냄새를 없애주고 입에 신맛이 돌아 매화는 더욱 활기를 띠게 된다.

시장 앞 찻길 한 모퉁이에 쌓여 있는 매실 망이 보인다. 크고 작고 상처 난

매실들이 섞여 있다. 머릿속에서는 '사면 안 돼. 이건 손해야.' 하는데 발길은 홀린 듯이 망으로 향한다. 아침 장에 내다 팔려고 매실을 따는 할머니의 간절함이 느껴진다. 흥정 없이 사면서 매실을 쓰임에 따라 고를 생각에 마음이 바빠진다.

매실을 손질해 밤에는 소금물에 담그고 낮에는 볕을 쬐는 과정을 10일 동안 반복한다. 아침이면 매실을 깨워 볕을 쐬어주고 밤이면 항아리 속에 거두어 잠들게 해준다. 자연의 섭리를 거스르지 않는 자연스러운 모습이 감동적이다. 햇볕에 말리면서 조금씩 시든 붉은 장밋빛이 희미하게 올라온다. 소금물은 짠맛이 가시고 신맛이 생겨 조금 싱거워진다. 매실이 가지고 있는 신맛과 단맛을 끌어내는 대신 소금은 짠맛이 약해지는 재미있는 대비를 이룬다. 매실을 넣고 고기를 삶아 포를 만든 후 매실과 함께 먹으면 고기가 연해지고 잡내가 나지 않는다. 매실에는 각종 유기산이 풍부해 피로를 풀어주고 신진대사를 촉진하는 효과가 있다. 유기산은 위의 소화 작용을 도와준다. 매실은 해독 작용이 뛰어나 배탈, 설사를 예방해 준다. 매실은 청매, 황매, 홍매, 오매, 금매, 백매가 있는데 과실의 익은 정도와 만드는 법에 따라 명칭이 다르다. 명태처럼 매실도 그만큼 신통하게 쓸모가 많다는 이야기다.

매포방 2

백매를 과줄로 만드는 법

매포(梅脯, 매실포) 만들기 2(매포방)

청매실을 소금물에 담그되, 낮에는 볕에 말리고 밤에는 소금물에 담그기를 10일 밤낮으로 하면 백매(白梅)가 된다. 또 꿀로 달이거나 설탕에 절여 과줄[果飣]로 쓸 수 있다. 《본초강목》

梅脯方 2

梅實靑者，以鹽漬之，日曬夜漬，十晝夜爲白梅．亦可蜜煎糖藏以充果飣．《本草綱目》

재료: 어린 청매실 20개(매실 1개 16g), 소금 100g, 물 1L, 꿀 200mL, 설탕 200g

만드는 법

1 청매실을 깨끗이 씻어 물기를 말리고 꼭지를 뗀다.

2 소금물을 만들어 둔다.

3 낮에는 볕에 말리고 밤에는 소금물에 담그기를 10일 밤낮으로 한다.

4 꿀로 달이거나 설탕에 절여 과줄로 쓸 수 있다.

tip. 매실을 짜게 절이면 꿀에 절일 때도 꿀을 많이 첨가해야 한다. 매실을 다 말린 후 수분이 좀 남아 있는 걸 골라 꿀을 넣고 달인 후 꿀을 빼고 적당히 마르면 설탕에 굴린다.

매실을 절일 때는 굵은 소금을 써야 한다. 짠맛만 남아 있는 정제염은 복합적인 새로운 맛이 생기지 않는다. 천일염에는 칼슘, 마그네슘, 아연, 칼륨 같은 무기질이 많다. 사람은 혈액 중에 0.9% 정도의 염분 농도를 유지해야 생명을 유지할 수 있는데 소금이 모자라면 지치고 무기력해진다.
이럴 때 매실절임을 먹으면 짠맛과 신맛이 함께 있어 피로 해소는 물론 의욕을 불러일으키는 역할도 해준다. 단순하게 단맛을 통해 미각의 즐거움을 주는 과자보다 건강에 유익하다.
매실을 거두고 말리는 데는 날씨를 잘 살펴야 한다. 비가 오면 뛰어가 재빨리 거둬들이고 해가 나면 널어야 한다. 비가 여러 날 내리면 제대로 말리지 못해 부패할 수 있어 늘 신경을 써야 한다. 10여 일의 매실과의 동거는 은근히 까다롭지만 정이든 친구 같다.
소금의 삼투압과 햇볕에 말리는 과정을 통해 단단하면서 씹는 식감이 만들어진다. 천일염의 미네랄과 햇볕 건조를 통해 완성되는 새로운 맛과 식감이 새롭게 다가온다. 짠맛과 신맛이 어우러지면 소금의 고소한 맛이 잘 느껴진다. 소금은 발효를 지연시키면서 맛의 균형을 잡아 준다. 매실을 10일간 만들면서 초기에 볕을 충분히 쬐어주지 않으면 곰팡이가 생겨 부패할 수 있다. 비가 올 때는 냉장고 속에 넣어 주는 게 좋다.

도포방

풋풋한 첫사랑의 기억

도포(桃脯, 복숭아포) **만들기**(도포방)

풋복숭아를 편으로 썰고 데친 뒤 볕에 말려 포를 만들면 과줄[果食]로 쓸 수 있다. 《본초강목》

桃脯方

生桃切片瀹過, 曬乾, 可充果食. 《本草綱目》

재료: 풋복숭아 20개(620g)

만드는 법

1 풋복숭아를 깨끗이 씻어 물기를 닦고 편으로 썬다.
2 끓는 물에 데친 뒤 건져 볕에 말린다.
3 습기가 약간 있을 때 거둬들인다.

tip. 풋복숭아의 솜털은 잘 벗겨지지 않으므로 씻고 잠시 물에 담가 둔다. 너무 바짝 말리면 딱딱하므로 바짝 말리지 않는다.

* 풋복숭아는 딱딱해 질 수 있어 장아찌를 담그거나 매실처럼 청을 담가 활용할 때 이런 방법을 쓰면 풋과일의 신맛을 제거할 수 있다.

풋복숭아를 구하러 복숭아꽃을 찍으러 갔던 과수원에 갔다. 구릉을 따라 복숭아나무가 물결치듯 자라고 있다. 작은 복숭아들이 적과 작업을 해 이미 종이봉투를 쓰고 있다. 군데군데 아직 봉투를 쓰지 않은 풋복숭아들이 눈에 띈다. 시간이 멈춘 듯 고요한데 조금 전까지 사람이 있었는지 작업의 흔적이 보인다. 복숭아도 솎아주어야 나머지 복숭아들이 탐스럽게 자란다. 복숭아는 여름에 흔하지만, 풋복숭아는 시기를 놓치면 영 만날 수가 없다. '풋' 자가 붙으면 솜털이 보송보송하고 애송이 같은 느낌을 준다. 풋사랑, 풋내기, 어설프지만 성숙하지 않은 빛이 주는 설렘은 우리를 행복하게 한다. 붉은빛이 돌기 전 푸르스름한 복숭아 가운데로 선이 가 있다. 사람도 솜털이 보송하고 풋풋하고 상큼한 시절은 짧기만 하다. 나무만큼 오래된 과수원을 빠져나오며 우연히 본 창고의 자줏빛 대문에 '사랑[Love]'이라고 쓰여 있다. 누군가 복숭아를 보며 사랑을 떠올렸을까?
풋복숭아가 열렸는데 같은 시절 사랑을 떠올린 사람이 대문에 흔적을 남겨놨다. 길가에서 멀어 작업차가 닿지 않는 곳에 방금 떨어진 풋복숭아가 눈에 띈다. 풋복숭아는 잘못 먹으면 배탈이 나서 절대 먹으면 안 된다는 주의를 초여름이면 귀가 아프게 들었다. 〈정조지〉에서는 썰어 데쳐 볕에 말리는 방법을 썼다. 풋복숭아는 요즈음은 영양이 성과와 같고 도리어 칼륨이 많아 나트륨의 배설을 돕고 몸 안의 독소를 빼준다는 사실이 알려져 인기다.

조포방

가을볕에 익어 가는 붉은 마음

조포(棗脯, 대추포) 만들기(조포방)

대추말랭이 만드는 법 : 땅을 깨끗하게 손질하고 줄풀로 만든 발 같은 종류를 여기에 펴놓고서 대추를 넌다. 낮에는 볕에 말리고 밤에는 이슬을 맞히면서 문드러진 대추는 가려서 버리고 볕에 말려 거두어둔다. 잘라서 볕에 말린 것을 '조포(棗脯)'라 한다. 푹 삶아서 짜낸 것을 '조고(棗膏)'라 하고, '조양(棗瓤)'이라고도 한다. 푹 찐 것은 '교조(膠棗)'라 한다. 설탕과 꿀을 더하고 섞어 찌면 더욱 달다. 참기름·참깻잎을 넣어 함께 달이면 색이 더욱 반짝인다. 조교(棗膠, 교조)를 빻아서 볕에 말린 것은 '조유(棗油)'라 한다. 《이씨식경(李氏食經)》

청주(青州) 사람들은 대추에서 껍질과 씨를 제거하고 불에 쬐어 말려 '조포(棗脯)'라고 하는데, 이를 특별한 과일로 친다. 《본초연의》

棗脯方

作乾棗法 : 須治淨地, 鋪菰箔之類承棗. 日曬夜露, 擇去胖爛, 曝乾收之. 切而曬乾者爲"棗脯". 煮熟榨出者爲"棗膏", 亦曰"棗瓤" 蒸熟者爲"膠棗". 加以糖、蜜拌蒸則更甜. 以麻油、葉同煎, 則色更潤澤. 擣棗膠曬乾者爲"棗油".《李氏食經》

青州人, 以棗去皮核, 焙乾爲"棗脯", 以爲奇果.《本草衍義》

재료: 대추 씨 뺀 것 220g, 설탕 30g, 꿀 60mL, 참기름 20mL, 참깻잎 40g
도구: 줄풀로 만든 발

만드는 법

1 땅을 깨끗하게 손질하고 줄풀로 만든 발을 편다.
2 대추를 펴서 널어 말린다.
3 낮에는 볕에 말리고 밤에는 이슬을 맞히면서 문드러진 대추는 버리고 볕에 말려 거두어둔다.
4 잘라서 볕에 말린다. 이것을 조포(棗脯)라고 한다.
5 푹 삶아서 쪄 낸다. 이것을 조고(棗膏), 혹은 조양(棗瓤)이라고 한다. 푹 찐 것은 교조(膠棗)라 한다.
6 이때 설탕과 꿀을 더해서 찌면 더욱 달다. 참기름, 참깻잎을 넣어 함께 달인다. 그러면 색이 더욱 반짝인다. 조교(교조)를 빻아서 볕에 말린 것을 조유(棗油)라 한다.

tip. 대추는 씨를 뺀 후 볕에 말려 조포를 만든 후 잘게 다지거나 찐 후에 곱게 다진다. 조교는 찧거나 빻아 껍질을 연하게 한 후 믹서에 곱게 간다.

마른 대추로는 껍질을 제거할 수 없어 빨갛게 익은 생대추를 구해 껍질을 돌려 깎았다. 산이 높아 늦게까지 달려 있는 경천 대추를 구했다. 너무 크지도 작지도 않은 대추 표면에서 가을 단풍잎 빛깔이 보인다. 늦가을을 품은 짙은 암적색 표면이 다부져 보이면서 과장되지 않은 광택이 흐른다. 유광과 무광의 중간 반광이라고 해야겠다. 껍질 안 푸른빛이 도는 단단한 살은 단수수마냥 단 풀물을 가득 담고 있다. 단 즙이 갈증을 가시게 해줘 여러 개를 먹어도 질리지 않는다. 이른 가을의 설익은 대추보다 11월이 다 되도록 달려 있는 대추에는 오랜 시간 참고 인내한 결정체가 담겨 있다. 진한 향과 단맛을 품은 단단한 살은 풋내기 대추와는 비교도 되지 않는다.
나중에 대추 씨를 달여 걸러 빼려면 상당한 인내심을 요한다. 씨 끝이 뾰족해 찔리면 제법 아프다. 미리 돌려 씨를 빼고 살만 가려 불에 말리면 달콤한 과육을 쉽게 먹을 수 있다. 대추도 꽃게처럼 뻣뻣해진 껍질 속에 살을 숨기고 있다. 불에 쬐어 말려보니 순간적으로 대추의 단 향이 풍부하게 올라온다.

청주 사람들은 대추에서 껍질과 씨를 제거하고 불에 쬐어 말려
조포라고 하는데 이를 특별한 과일로 친다. 《본초연의》

주변이 따뜻하게 느껴지고 공기가 대추 향으로 달콤해진다. 대추의 향기는 사람 마음을 편안하게 해주는 효과가 있다.

말린 살은 과자처럼 바삭바삭하고 맛이 달면서 깔끔하다. 지금까지 먹어본 대추의 맛과는 다르게 느껴진다. 붉은 껍질이 없으니 연하면서 바삭하다. 가을 겨울에 대추를 가까이하면 모난 마음도 한결 부드러워지고 느긋해질 수 있다. 대추가 오랫동안 사랑받은 이유를 다시 한번 느낄 수 있다.

우리나라 사람들은 대추가 다닥다닥 열린 모습을 보고 자손이 번성해서 우애 있게 살기를 바라며 울 안에는 대추나무를 꼭 심었다. 혼례용 대추는 중국과 우리나라에서는 특별한 과일로 여긴다.

대추는 윤기 나는 붉은 빛깔일 때 말리면 단맛이 더 강해져 약재나 약술을 담거나 삶아서 대추 죽을 쑤는 데 쓰인다. 대추는 맛이 부드럽고 속을 편안하게 해줘 노약자나 환자의 회복식으로도 즐겨 사용됐다.

대추는 말려서 두면 저장성이 좋아 사철 두고 먹을 수 있어 약식이나 떡을 만드는 데 쓰고 살짝 찐 후 꿀과 계핏가루를 넣고 조려 다시 대추 모양으로 빚는 조란을 만들어 먹었다. 대추의 씨는 산조인이라고 해서 신경을 안정시켜 불면증을 예방하고 면역력을 개선해 준다. 대추에는 특히 비타민 C가 풍부하게 들어 있고 몸을 따뜻하게 해줘 감기에 걸렸을 때 배나 생강, 계피 등과 함께 달여 먹으면 몸을 보해준다. 대추는 어떤 음식에 들어가도 모나지 않고 부드러운 단맛으로 조화를 이룬다. 온유하면서도 조용한 리더십을 지닌 사람과 닮았다. 속을 따뜻하고 편하게 해주는 대추가 자주 쓰이는 이유다.

대추 살에 미리 설탕과 꿀, 참기름을 넣고 버무려 찌면 달고나에서 올라오는 향과 참기름 향이 어우러져 사람의 마음을 확 끌어당긴다. 참깻잎도 함께 넣어 윤기는 물론 참깨 향이 증기 속에서 더 잘 배게 해준다. 송편을 솔잎 위에 찌듯 대추는 참깻잎과 함께 찌는 지혜를 배울 만하다.

참깻잎을 덮어서 향과 윤기를 주는 과정

◇ 대추의 다양한 변신

조포(棗脯), 조고(棗膏), 교조(膠棗), 조유(棗油)

조포

청주 조포

조포는 대추의 씨를 빼고 잘라서 볕에 말린 것을 말한다. 가을볕과 바람이 좋은 날 말리면 당도가 더 증가한다. 조포를 만들 때 비를 맞히면 대추색이 검어지면서 물러져 상하게 된다. 조포를 말아서 가로 썰기를 하면 고명으로 쓸 수 있다. 말린 대추와 모양을 살린 밤을 멥쌀가루에 섞어 찐 설기떡은 아이들 생일에 잘 어울린다.

조고(조양)_좌, 교조(조교)_가운데, 조유_우

조고는 조포를 푹 삶아 낸 것을 말한다. 조고는 걸러서 졸였다가 죽을 쑤거나 약식에 넣거나 떡가루 혹은 고추장에 넣는 등 응용해서 쓸 수 있다. 음료에 넣거나 조청에 넣고 졸여 엿을 만들어 먹어도 기운을 북돋아 준다.
푹 찐 것은 교조(조교)라고 한다. 설탕과 꿀을 더해 찌면 더욱 달고 참기름, 참깻잎을 넣으면 색이 더욱 반짝인다. 설탕과 꿀을 넣으면 방부 작용이 있어 보존성을 높여준다. 참기름과 참깻잎은 대추에 윤기를 주고 참기름 향이 깊게 배게 해준다. 수분과 유분을 함께 줘 대추를 더욱 윤기나게 해주는 역할을 한다. 빨갛고 고운 대추를 더욱 돋보이게 해주는 방법이다.
조유는 조교를 빻아서 볕에 말린 것을 말한다. 조유는 잘 뭉쳐지는 성질이 있어 다식을 만들거나 환 모양으로 빚어 간편하게 먹을 수 있다. 잘 상하지 않고 오래 보관할 수 있다. 먹으면 속이 편하고 피부를 윤택하게 해준다. 귀한 꿀과 벌레를 죽이고 해독 작용을 하는 참기름을 넣고 말린 조유는 우리 몸에 이롭다.

이화방

불 향이 밴 배말랭이

이화(梨花, 배말랭이) **만들기**(이화방)
중국 서부 지방의 배가 생산되는 곳에서는 칼로 껍질을 벗기고 쪽을 내서 불에 쬐어 말린 것을 '이화(梨花)'라고 한다. 일찍이 공납에 충당하던 물품의 하나였으니, 실로 좋은 과줄이다.《왕정농서》

梨花方
西路産梨處, 用刀去皮, 切作瓣子, 以火焙乾, 謂之"梨花", 嘗充貢獻, 實爲佳果.《王氏農書》

재료: 배 7개

만드는 법

1 칼로 배의 껍질을 벗기고 단단한 씨방을 빼고 8쪽을 낸다.
2 가운데 씨를 빼고 원하는 두께로 잘라 불에 쬐어 말린다. 두꺼울 경우는 더 얇게 저민다.
3 이화(梨花)가 만들어지면 거두어서 서늘한 곳에 보관한다.

2

3

tip. 배는 수분이 많아 다 말라도 촉촉해서 냉동실에 보관한다.
불에 말려 원하는 탄도가 생기면 굽기를 멈춘다. 구운 다음에는 완전히 식혀서 보관해야 탄력이 더 생긴다.

배는 단단하면서 과육이 희고 수분이 많으며 신맛이 적어 우리나라 사람들이 가장 좋아하는 과일 중의 하나다. 배는 감, 대추, 밤과 함께 제사상에도 반드시 올라가는 과일이며 후식용 과일로도 사랑받는다. 특히 배는 강력한 항염 작용을 하는 루테올린(Luteolin) 성분이 들어 있어 목감기에 걸리거나 기관지가 나쁜 사람이 먹으면 기침을 완화해 준다. 배숙을 비롯해 도라지나 콩나물 등과 함께 갱엿을 넣고 달여 먹기도 한다.

우리나라에서는 나주 배가 가장 유명하지만 전주 이서 배도 작고 단단하면서 조직이 치밀해 맛이 빼어나다. 전주 근교의 구릉에는 지금도 배를 재배하는 농가들이 남아 있다.

음식을 만들 때도 배를 자주 쓰는데 고기의 연육제나 은은한 단맛을 내는 감미제로 쓰인다. 배말랭이는 이화라고 하는데 하얀 속살이 부드럽고 탄력 있다. 중국에서는 공납(貢納)에 충당하던 물품의 하나였으며 "실로 좋은 과줄이다"라고 소개한 거로 봐서 배는 소화 촉진제, 숙취 해소제, 기관지염 치료제, 소갈증 해소제 등 다양한 약리 작용이 있는 기특한 과일이자 과줄이었다.

배말랭이를 만들어 보면 수분이 적당하게 빠져 부드러우면서도 탄력 있는 배를 만날 수 있다. 과일을 건조해 말랭이를 만들면 씹는 식감이 생기는 것은 물론 단맛이 증가한다. 불 맛이 들어가 독특한 향도 생긴다.

배말랭이는 보관성이 좋고 쓰임이 다양해서 각종 케이크나 파이류 혹은 가을 과실 떡은 물론 육류·어류 요리를 할 때도 요긴하게 쓸 수 있다.

배를 불을 쬐어 말리면 불 향이 배면서 새로운 풍미가 생긴다. 사각거리는 대신에 적당한 탄력과 촉촉함이 남아 입에 감기는 맛이 느껴진다. 생배가 여름이라면 배말랭이는 깊어가는 가을이다. 고기와 함께 배를 굽듯이 말리면서 함께 먹어도 소화를 돕는다.

내포방

맑고 깨끗한 피부를 위한 간식

내포(奈脯, 사과포) **만들기**(내포방)

인도[西方]에는 사과가 많아 사과를 거두고 썰어서 볕에 말려 포를 만들었다. 이 사과[柰]를 저장하여 양식[糧]으로 삼고, 이를 '빈파량(頻婆糧)'이라고 불렀다. 《광지(廣志)》

奈脯方

西方多奈, 收切曝乾作脯, 蓄積爲糧, 謂之"頻婆糧". 《廣志》

재료: 사과 10개

만드는 법

1 사과를 따서 깨끗하게 씻은 다음 껍질째 통으로 썬다.

2 볕에 뒤집어 가며 말려 포를 만든다.

tip. 사과 씨가 싫으면 씨를 빼고 썰어서 말린다.

사과를 저장하기 위해서 포를 만들어 이를 저장해 양식(糧食)으로 삼고, 이를 빈파량(頻婆量)이라고 하였다. 여기서 '빈파(頻婆)'는 산스크리트어의 음차로 중국어로 사과를 뜻하고 '량(糧)'은 양식을 의미한다. 어렸을 적 대구 아가씨들은 능금을 많이 먹어 예쁘다는 말을 방송에서 흔히 들을 수 있었다. 사과보다 능금이 주는 낭만적인 느낌과 어우러져 미인을 상징하는 어휘가 됐다.

실제 사과에는 수용성 식이섬유인 펙틴 성분이 많이 들어 있어 먹으면 장을 깨끗하게 해준다. 미인을 만들어주는 데 일조를 하는 셈이다. 사과에는 유기산과 비타민 C가 들어 있어 피곤할 때 사과를 먹으면 피로 해소를 돕고 잇몸을 건강하게 해준다.

사과는 펙틴(Pectin)이 가장 많이 들어 있는 껍질을 살려 그대로 말리면 부드러우면서 쫄깃한 간식거리가 된다. 신맛도 안으로 잦아들면서 단맛과 향이 살아나 생사과에서는 느낄 수 없는 깊은 맛을 음미할 수 있다. 생사과가 즙이 많아 급한 갈증을 가셔준다면 사과포는 천천히 씹으면서 스스로 침을 만들어야 하는 미완의 과자다.

시건방 1

차곡차곡 쌓인 달콤함

시건(柹乾, 곶감) 만들기(시건방)

큰 감은 껍질을 벗기고 납작하게 눌러 낮에는 볕에 말리고 밤에는 이슬을 맞힌다. 마르면 옹기 안에 넣었다가 표면에 흰 서리 같은 물질이 생긴 뒤에야 꺼낸다. 요즘 사람들은 '시병(柹餠)'이라 하고, '시화(柹花)'라고도 한다. 그 표면에 생긴 서리[霜] 같은 물질을 '시상(柹霜)'이라고 한다.《본초강목》

柹乾方

大柹去皮捻扁, 日曬夜露, 至乾, 內甕中, 待生白霜乃取出. 今人謂之"柹餠,"亦曰"柹花,"其霜謂之"柹霜".《本草綱目》

재료: 큰 감 30개

만드는 법

1 큰 감은 껍질을 벗기고 납작하게 눌러 말린다.
2 낮에는 볕에 말리고 밤에는 이슬을 맞힌다.
3 마르면 옹기 안에 넣었다가 표면에 흰 서리 같은 물질이 생긴 뒤에야 꺼낸다.

tip. 적당하게 익은 감을 깎아야 곶감을 만들었을 때 탄력이 생긴다.
흰 서리 같은 물질은 시병(柹餠), 시화(柹花)라고도 한다. 표면에 생긴 서리 같은 물질을 시상(柹霜)이라고 한다.

오랜만에 들른 귀밑머리 하얀 아저씨가 다녀간 날이면 어른들의 장탄식이 이어졌다. 그 많던 재산을 곶감 빼먹듯이 솔레솔레 빼먹더니 이제 밥이 온데간데없어졌다는 것이다. 곶감은 대나무 꼬챙이에 꿰어져 있거나 납작하게 눌러 포개져 있어 빼먹던 생각이 난다. 어느 순간부터 반시가 많아졌지만 단단했던 곶감은 수정과에 들어가면 계피 향과 어우러져 황홀한 단맛을 내곤 했다.

감은 버릴 것이 하나도 없는데 감 껍질을 말려 떡을 만들어 먹기도 하고 감잎은 말려 차로 마신다. 감꼭지는 딸꾹질을 멎게 하는 약으로 쓰였다. 감나무는 빛깔도 아름답고 나무가 단단해 고급 가구를 만드는 재료로 쓰였다. 먹감나무장은 특히 귀한 대접을 받았다.

곶감은 껍질을 얇게 깎아 2달 이상 말려야 완성된다. 감이 어느 정도 마르면 납작하게 눌러 모양을 잡아가며 말린다. 밤낮으로 바람을 쐬면 서서히 수분은 날아가고 포도당, 과당 결정이 표면으로 올라와 시상이 만들어진다. 예전에는 짚 끈에 묶어 10개나 12개씩 포개서 건어물상에서 팔았다. 자연 건조하고 눌러 만든 곶감이 대접을 받았다.

당과류나 건어물, 건과일은 모두 제사상에 오르는 귀한 물건이었다.

시건방 2

늦가을 볕에 숙성되어 가는 감의 향연

시건(柹乾, 곶감) 만들기(시건방) 2

백시(白柹)는 떫은 감을 가지째로 볕에 말리거나 혹은 실에 매달아 볕에 말린 곶감이다. 처음에 메밀 짚이나 볏짚으로 싸서 재워야 시상(柹霜)이 잘 생긴다.《화한삼재도회》

곶감은 영남의 풍기(豐基)에서 나는 것이 가장 육질이 매끄럽고 시상(柹霜)이 많기로 최고이다. 달고, 소화가 잘되며, 맛이 좋아 다른 지방의 곶감은 어느 것도 이에 미칠 수가 없다.

柹乾方 2

白柹, 用澁柹連枝曝乾, 或繫絲曬乾. 初用蕎麥稭、稻藁包宿, 乃能生霜.《和漢三才圖會》

柹乾, 嶺南 豐基者爲最肉膩霜繁, 甘消可口, 他產莫能及也.

재료: 가지 붙은 떫은 감, 메밀 짚 혹은 볏짚

만드는 법

1 떫은 감을 가지째로 볕에 말리거나 혹은 실에 매달아 볕에 말린다.

2 처음에 메밀 짚이나 볏짚으로 싸서 재워야 시상이 잘 생긴다.

tip. 감에 따라서는 시상이 서서히 형성되는 경우도 있다. 재래종 감은 3개월 이상 보관해야 시상이 생기기도 한다.

곶감을 만들려면 물러지기 전에 감을 따야 한다. 감의 꼭지가 붙어 있고 가지가 T자 모양으로 달려 있어야 실이나 새끼줄에 매달아 말릴 수 있다. 가지째로 말리기도 하는데 볕이 잘 들고 바람이 잘 통하는 곳에서 잘 마른다. 곶감은 주로 일교차가 크고 골바람이 센 산간 지역에서 잘 만들어진다. 공기가 맑고 물이 맑은 청정지역이 곶감의 주산지인 경우가 많다. 영주시 풍기읍이나 완주군 고산면, 동상면, 운주면, 산청군의 곶감은 달고 맛이 있다. 곶감은 왕이 천신례(薦新禮)를 행할 때 올리던 과일로 〈정조지〉 권7 절식지류(節食之類) 설날의 절식[元朝節食] 편에 밀양시병(蜜釀柹餠)에도 시상이 많은 곶감을 사용한다는 내용이 나온다. 우리나라 세시풍속에 남에게 음식을 보낼 때는 반드시 곶감을 쓰는데 명나라 전여성(田汝成)의 《희조락사(熙朝樂事)》에 보면 "정월 초하루에 측백나무 꼬챙이에 곶감을 꿰어 큰 귤로 받들고 가서는 '모든 일이 크게 길하라.'라고 말한다."고 했는데 여기에 근원을 두고 있다고 한다.

《임원경제지》〈정조지〉에 "곶감은 영남의 풍기에서 나는 것이 가장 육질이 매끄럽고 시상이 많기로 최고이다. 달고 소화가 잘되며 맛이 좋아 다른 지방의 곶감은 어느 것도 이에 미칠 수가 없다."라고 하였고 《임원경제지》〈예규지〉 권2에는 전국의 생산물에 풍기는 수정, 곶감, 잣, 송이버섯, 자초, 왕골, 닥나무, 인삼, 은어, 꿀이 특산물이라고 소개하였다. 또, 권4에 보면 전국의 장시를 소개하면서 경상북도 영주시 풍기읍의 물산으로 쌀, 콩, 맥류, 미역, 김, 소금, 면포, 면화, 삼베, 명주, 잠사, 곶감, 자리, 종이, 패랭이, 소가 풍부하다고 기록하면서, 특산물로 곶감을 꼽았다.

풍기는 지리적으로 소백산맥과 태백산맥 권역에 자리 잡은 분지 지형으로, 대륙성기후의 영향으로 겨울이 길고 건조하며 춥다. 여름에 강수량이 집중돼 있으며 날씨가 덥고, 일교차도 크고 일조량이 좋아 사과가 단단하고 달아 지역 특산품이다. 감 역시 기후의 영향을 받아 당도가 높고 감의 빛깔이 선명하며 곶감을 만들어도 시상이 잘 생긴다. 최근에는 지구온난화의 영향으로 남방 한계선이 올라가 사과 농사가 예전만 못해 대체 작물로 감귤류를 재배하거나 새로운 품종을 보급하며 어려움을 타개하고 있다.

풍기 곶감

시건방 3

쫀득하고 깔끔한 감 젤리

시건(柹乾, 곶감) 만들기 3(시건방)

지금 한 가지 방법을 다음과 같이 창안해 본다. 물감[水柹]이 곧 익으려고 하지만 아직 홍시가 되지 않았을 때 딴 뒤 눌러 짜서 껍질과 씨를 제거하고 빽빽한 즙을 취한다. 따로 눈처럼 흰 벌꿀을 달구어 익혀 계핏가루·산초 가루를 섞은 다음 이를 감즙 속에 조금씩 부어 넣고 한참 동안 고루 저어 섞는다. 놋쟁반 위에 이 감즙을 얇게 펴되 두께는 0.03~0.04척이 되게 한다. 찬 곳에 가만히 두었다가 굳어지면 칼로 사방 0.2척 크기의 정(錠)으로 썬다.

또는 동권(銅圈)에 찍어 내어 둥근 떡 모양을 만든다. 이를 깨끗한 대그릇 안에 메밀 짚 1층, 이 시병(柹餠) 1층 식으로 깔면서 층층이 쟁여 넣는다. 덮개를 덮어 찬 곳에 두고 3~5일 밤을 묵혔다가 꺼내면 하나하나 시상이 생겨 달고 연하며 매끄럽고 맛이 좋아 참으로 최고의 시병이다. 《옹치잡지》

柹乾方 3

今創一法 ： 水柹將熟未爛時摘下, 笮去皮核取稠汁. 另用雪白蜂蜜煉熟, 調桂、椒之屑, 旋旋灌入于柹汁中, 攪均良久. 薄布于鍮盤上, 令厚三四分, 放頓冷處, 待凝定, 刀切方二寸大錠.

或用銅圈印脫, 作圓餠, 淨籠內, 鋪蕎麥稭一層, 柹餠一層, 層層裝入. 蓋定置冷處, 三五宿出之, 則个个生霜, 甘輭膩美, 允爲絶品柹餠也.《饔饎雜志》

재료: 아직 홍시가 되지 않은 수시(물감) 10개, 흰 벌꿀 200mL, 계핏가루 30g, 산초 가루 10g, 메밀 짚
도구: 놋쟁반, 동권

만드는 법

1 물감(수시, 水柹)이 곧 익으려고 하지만 아직 홍시가 되지 않았을 때 딴 뒤 눌러 짜서 껍질과 씨를 제거하고 뻑뻑한 즙을 취한다.
2 따로 눈처럼 흰 벌꿀을 달구어 익혀 계핏가루, 산초 가루를 섞는다.
3 이를 감즙 속에 조금씩 부어 넣고 한참 동안 고루 저어 섞는다.
4 놋쟁반 위에 이 감즙을 얇게 펴되 두께는 0.03~0.04척(1cm 정도)이 되게 한다.
5 찬 곳에 가만히 두었다가 굳어지면 칼로 사방 0.2척(6cm) 크기의 정(錠)으로 썬다. 또는 동권에 찍어 내어 둥근 떡 모양을 만든다.
6 이를 깨끗한 대그릇 안에 메밀 짚 1층, 시병 1층 식으로 깔면서 층층이 쟁여 넣는다. 덮개를 덮어 찬 곳에 두고 3~5일 밤을 묵혔다가 꺼내면 하나하나 시상이 생겨 달고 연하며 매끄럽고 맛이 좋다.

1

4

tip. 감에 살이 많고 껍질이 적당히 두꺼워야 속이 달고 맛이 있다. 지나치게 익은 감은 물기가 너무 많아 약한 불에서 수분을 날려주었다. 농도를 봐가며 벌꿀양을 조절한다.

달인 벌꿀을 넣어 매끄럽고 쫀득한 수시병은 감으로 만든 젤리 같다. 홍시가 되기 직전 떫은맛은 사라지고 점질이 높아 과육이 유연할 때 만든다.
계핏가루와 산초 가루가 들어가 산뜻하면서 혀를 감싸는 따뜻한 향과 맛을 느끼게 해준다. 고종시와 남양수시는 모양이 다르고 익는 시간도 달라 골라서 즙을 취했다. 고종시로 곶감을 만들면 크기가 작아 요즘 시중에 나오는 곶감보다는 작지만 곶감을 만들면 쫀득한 맛이 일품이다.
남양수시와 고종시의 과육으로 만든 수시병은 계피와 산초가 들어가 체온을 올려주고 소화가 잘되게 해줘 식후에 사탕 대신 먹으면 된다.
꿀이 들어가 표면이 매끄럽고 꿀 성분 때문에 곶감만큼 시상이 잘 생기지는 않아 아쉬움이 있다. 떫지는 않고 홍시가 되지 않은 수시를 썼지만 결국 묽어져 혼합법을 쓰다가 수분을 날려주는 식으로 조금 졸여 보았다. 응고가 되고 맛이나 향은 나무랄 데가 없다.
《금화경독기(金華耕讀記)》에 보면 "우리 집도 예로부터 음식에 꿀을 즐겨 사용하였다. 생선과 고기, 고깃국, 젓갈, 김치 따위에도 반드시 꿀을 조금 사용하여 그 맛을 도왔다. 나는 꿀을 특별히 좋아했는데…(하략)"라고 하였는데, 이걸로 봐서 수시병 역시 서유구 선생이 좋아하셨을 것 같다.

◇ 감 이야기

완주군 운장산 해발 700고지 제비가 날개를 활짝 편 것 같은 봉우리를 바라보는 골짜기에 파라시와 남양수시를 만나러 갔다. 4년 전에 보았던 감나무의 안부가 궁금해서 견딜 수가 없었다. 1960, 70년대만 해도 시내에서도 볼 수 있었던 토종 감나무가 생산성이 좋지 않다는 이유로 모두 베어 없어지고 깊은 산골짜기 사유지에만 일부 남아 있다고 했다.
시대를 기억하며 훌쩍 큰 키로 서 있던 모습을 마주하고 왠지 가슴이 뭉클했던 기억이 생생했다. 다시 찾은 두 그루의 귀한 감나무는 여전히 건강하게 서로 격려하듯 어깨동무를 하고 사이좋은 형제처럼 서 있다.
이 나무의 주인이 맞아준다. 올해 64세인 주인의 증조할아버지가 심으셨다는 두 그루의 나무는 주인보다 나이가 훨씬 많다고 한다. 왼쪽의 작은 감은 조생종 파라시로 토종 1호요, 옆의 감은 남양수시로 중생종

토종 2호라고 하신다.

"이제 어디 가서도 볼 수 없어." 떨어진 파라시를 입에 대고 먹고 싶은 대로 쪽 빨아 먹어 보라고 권하신다.

"감은 모성애가 강해. 여기는 계곡 바람이 심하고 일조량도 부족해 감이 새끼를 많이 달고 있지 못하지. 감은 1년에 세 번 감을 떨어뜨리는데 생존 본능이여. 첫 번째는 6월경 첫 과실이 열렸을 때 1차 떨구고 2차는 8월경 감이 커지면서 저절로 떨어질 때 마지막은 한로(寒露) 무렵, 감 나이로 환갑일 때 마지막으로 감을 떨어뜨리지. 위에 햇볕이 잘 들고 조건이 좋은 경우 5접까지도 따. 감은 모성이 강한 어머니를 닮았어 암먼!"

"감은 따서 항아리에 넣었다가 설까지 두고 홍시를 만들어 먹었지. 할머니는 그렇게 하셨어. 냉장 시설이 없던 시절에 항아리 속의 홍시는 달고 얼마나 맛있었는지 몰라, 남양수시가 파라시보다 훨씬 달고 맛있어. 물론 파라시도 달고 맛있지. 둘 다 따라올 감이 없어."

평생을 운장산 자락에서 살아 감에 대해서는 모르는 게 없다는 아저씨의 이야기는 끝도 없이 이어진다. "감을 새가 좋아 먹고 배설물에 섞인 감 씨가 산에 떨어지면 고욤나무가 되는 거야. 감을 새가 번식시켜주는 거지. 고욤나무가 감의 모체가 되는 거야. 여기에 원하는 감나무를 접붙여서 산에 원하는 감나무를 만드는 거야. 그러면 5년이 지나면 감이 작게 열려. 이제는 그럴 필요가 없어서 고욤나무에 접을 붙이지 않지.

감으로 식초를 만들면 그게 바로 약이었어. 배가 아프거나 이가 아파도 할머니가 감식초를 먹이셨지. 바쁜 남자들을 대신해 집안에서 여자들이 감을 따서 식초를 담갔어. 감이 덜 익었을 때 탄닌(Tannin) 성분이 많은데 감식초가 잘돼. 감 나이로 17살 즉 덜 익었을 때 따서 항아리에 넣고 뜨듯한 부뚜막에 두면 6개월이 지나 1년 되면 산도 15%, 2년 되면 산도 30% 식초가 돼. 소주 한 잔에 감식초 5mL만 넣어도 중화가 돼서 취하지 않아. 이렇게 신통한 게 감식초야." 1년 된 감식초는 맛이 부드럽고 빛깔이 맑은 호박색을 띠고 있다. 한성 판윤을 지낸 10대조의 후손답게 붓글씨와 창에도 능한 아저씨는 이곳의 맑은 공기에 익숙해 여기를 떠나지 못한다. 어려서부터 운장산을 보며 삶을 이어온 아저씨는 삶의 질곡 속에 시인이 되어 있었다.

어느새 짧아진 가을 해가 넘어가고 주변이 어둑해졌다. 일본 사람들도 유난히 좋아했다는 파라시와 남양수시, 아저씨의 고종시들이 오래도록 아저씨와 행복하게 운장산을 지켰으면 한다.

유포방

남도 향기 가득한 11월의 오후

유포(柚脯, 유자포) **만들기**(유포방)

유자는 알맹이와 씨를 파내고 말장(末醬, 된장)즙에 찹쌀가루를 반죽한 다음 참깨 가루·비자 가루·산초 가루 등을 합하여 유자 껍질 안에 채워 넣는다. 이를 묽은 장유(醬油, 간장)에 푹 삶아서 판에 편 다음 판으로 서서히 눌렀다가 볕에 말리고 거두어 둔다. 《화한삼재도회》

柚脯方

柚子穿去瓣核, 用末醬汁溲糯粉, 合胡麻、榧、椒等屑, 塡入柚皮內. 淡醬油煮熟, 攤于板, 以板徐徐壓之, 曬乾收之.《和漢三才圖會》

재료: 유자 10개, 말장(된장)즙 300mL, 찹쌀가루 50g, 참깨 가루 8g, 비자 가루 6g, 산초 가루 2g, 묽은 장유(간장) 1L

만드는 법

1 유자는 알맹이와 씨를 파낸다.

2 말장즙에 찹쌀가루를 반죽한 다음 참깨 가루, 비자 가루, 산초 가루 등을 합하여 유자 껍질 안에 채워 넣고 묽은 장유에 푹 삶아서 판에 편다.

3 판으로 서서히 눌렀다가 볕에 말리고 거두어 둔다.

유자와 비자는 향기가 빼어나 우열을 가리기 힘들다. 남도의 따뜻한 기후에서 자라 가을과 초겨울의 문턱에서 수확한다.
유자 속에 말장즙과 향기로운 비자 가루, 산초 가루를 넣고 간장물 속에서 졸이면 찹쌀가루가 든 말장즙이 끓어 오르면서 나중에는 검은 즙에 윤이 반드르르 나면서 유자 껍질이 검게 졸여진다. 졸여지는 내내 유자 향이 진동한다. 유자를 건지고 난 장은 향이 좋아 받아두었다가 육류 요리나 해산

tip. 말장즙은 미소 2큰술에 물 300mL를 타서 걸쭉하게 개서 만든다. 묽은 장유는 간장 500mL에 물 500mL를 섞어 쓴다. 간장은 염도가 낮은 간장을 사용해서 유자 향을 살린다. 유자 속에 말장즙을 60% 정도 넣은 후 수저로 안쪽에 고루 펴 바른다.

물 요리, 나물 무침 등에 향신장으로 쓰면 비법 장이 될 수 있다. 초(炒)는 육류나 어패류를 간장 등에 조려 녹말가루 물을 부어 윤기를 준 음식이다. 유자포는 전복초를 만드는 법과 닮았다.
비자 가루와 참깨 가루까지 들어가 유자와 장, 둘 다 윤기가 흐른다. 비자는 겉을 싸고 있는 과피에서 싱그러운 이국의 향기가 가득하다. 비자 자체는 향기보다는 아몬드처럼 은은하게 고소하면서 기름기가 많이 돈다.
유자는 비타민 C, 구연산, 헤스페리딘(Hesperidin)이 많아 노폐물 배설을 돕고 미백 작용이 뛰어나 피부를 맑게 해준다. 말장은 된장으로 여기서는 유자 맛을 살리기 위해 짜지 않고 달고 담백한 미소[味噌]를 사용했다. 고려의 장인 말장이 일본에 건너와 장 제조기술을 전해줬다. 그런 연유로 고려장이라고도 하고 일본식으로 '미소'라고도 하니 풍토에 따라 장이 다르지만 우리가 장 담그는 법을 전해준 셈이다.
비자는 천연 약재로 쓰였는데 소화를 촉진하고 눈을 밝게 해주며 복통이나 치질 치료제, 구충제로 쓰였다. 비자나무 근처에는 해충이 잘 생기지 않는다고 할 정도로 피톤치드가 많이 나와 근처에 있으면 심신이 안정된다.
짭조름하면서도 달고 향기로우며 입안에 침이 잘 돌게 해 유포를 먹으면 소화가 잘된다. 된장과 간장에 절였지만 짜지 않다. 찹쌀가루와 장의 깊은 감칠맛이 더해지고 비자, 산초, 참깨의 향과 윤기까지 더해졌다. 산초 가루와 비자 가루를 더해 보존성도 높였다. 덤으로 같이 나오는 조림장까지 활용할 수 있어 유자가 나는 짧은 계절에 꼭 만들어 두자. 반찬과 술안주, 과자로 쓰임새가 다양하다.

◇ 유자 이야기

유자를 찾아 고흥으로 떠나던 날, 고흥에 관해 알고 있는 기억들을 모아 보았다. 유자가 나는 철에 놀러 오면 잘 대접해주겠다던 어르신은 돌아가셨을 것이고 고흥 바닷가 바람에 날리는 머리칼 사이로 전해오는 유자 향기를 떠올려 보았다.

가는 길은 그리 꼬이지도 않고 어느덧 땅에 뭔가 모를 습기와 긴장감을 품은 남도의 산천을 지났다. 나로우주센터를 지나기 전 전화로 유자 묘목을 판매하는 분의 안내를 듣고 기수를 고흥군 풍양면으로 돌렸다.

풍양면은 고흥에서도 유자가 많기로 유명한 곳인데 가는 곳마다 유자가 있어 이국적인 매력을 더한다. 군더더기 없이 깔끔한 잎에 샛노란 유자가 달려 있어 눈이 시원해진다. 저절로 눈이 커지고 발은 유자를 향해 달려가고 있다. 개나리의 탁한 노랑도 아니고 유자의 앳된 노랑은 사람의 감각을 깨우는 힘이 있다. 어린 노란빛이라고 부르고 싶다.

해안가를 달리다 서 있는 유자를 담지 못해 아쉬운 마음을 눈앞에 펼쳐진 유자의 군무가 날려준다. 유자가 왜 이토록 사랑받았는지 저절로 고개가 끄덕여진다. 조선 시대에 유자는 귀한 만큼 여러 가지 음식에 사용

됐다. 유자청이 유자를 대표하는 조리법이 됐지만, 너무 이미지가 강해 유자에게는 손해일 수 있다. 〈정조지〉와 《규합총서》 속에 있는 조리법만 봐도 지금보다 쓰임이 많았다는 것을 알 수 있다. 유자 껍질과 속을 꿀에 조려 정과를 만들거나 전복 김치에 유자를 채 쳐 넣어 귀한 전복에 향을 더했다. 동치미에도 유자를 통째로 넣고 나중에 썰고 국물에 꿀을 타고 석류에 잣을 뿌려 먹으면 맑고 산뜻하여 맛이 좋다고 했다. 유자와 석류를 함께 쓰면 빛깔은 물론 향과 맛까지 잘 어우러진다.

유자는 맑고 깨끗하며 향기로운 음식을 만들어주는 귀한 식재였다. 낮은 구릉을 따라 펼쳐진 유자밭을 보다가 직접 농사짓는 분을 통해 유자에 관한 이야기를 듣게 됐다. 유자의 다양한 조리법을 고민하던 중 〈정조지〉를 알게 돼 기대된다고 고흥 유자를 널리 알리는 데 큰 힘이 될 거 같다고 한다.

스트레스와 피로에 지친 현대인들에게 유자는 더욱 다양한 모습으로 쓰여 생기와 활력, 건강을 줄 수 있는 식재다.

율건방 1

자연이 만든 서늘한 저장고

율건(栗乾, 밤말랭이) 만들기(율건방) 1

건율(乾栗, 밤말랭이) 만드는 법 : 미리 구덩이를 파고 위를 섶으로 덮은 뒤 그 위를 진흙으로 발라 땅 위로 높이 솟게 한다. 옆으로 작은 구멍을 뚫어 저절로 떨어지는 밤을 주울 때마다 그 구멍으로 던져 넣는다. 줍는 대로 바로바로 던져 넣어 구덩이에 가득 차고서야 비로소 꺼내어 볕에 말리면 껍질이 쉽게 벗겨지고 맛이 감미롭다. 《행포지(杏蒲志)》

栗乾方 1

作乾栗法 : 預作坑, 上覆柴薪, 塗泥令高突, 傍穿小穴, 每拾自零栗投之, 旋拾旋投, 滿坑, 始取出曝乾, 則皮易脫, 味甘美. 《杏蒲志》

재료: 밤나무, 밤

만드는 법

1 미리 구덩이를 파고 위를 섶으로 덮은 뒤 그 위를 진흙으로 발라 땅위로 높이 솟게 한다.

2 옆으로 작은 구멍을 뚫어 저절로 떨어지는 밤을 주울 때마다 그 구멍으로 던져 넣는다.

3 줍는 대로 바로바로 던져 넣어 구덩이에 가득 차고서야 비로소 꺼내어 볕에 말리면 껍질이 쉽게 벗겨지고 맛이 감미롭다.

밤나무 아래 땅을 파고 구덩이를 만들어 밤 저장고를 만들었다. 다행히 큰 비가 내리지 않아 모아둔 밤을 꺼내 보니 벌써 밤이 많이 말라 있다. 가을이라 땅속이 건조하고 바람도 잘 불어 습한 기운이 없다. 밤을 조금 꺼내고 산에서 내려와 며칠 후에 다시 가 보니 누군가 밤 굴을 무너뜨리고 밤을 모두 가져갔다. 밤을 저장해 뒀다는 생각에 든든하고 밤나무 아래에 가 보는 게 설레고 즐거웠는데 아쉬운 마음에 다시 작은 밤 굴을 만들었다.
여긴 더 건조한지 밤은 미라처럼 말라 노인의 메마른 손톱을 보는 듯하다. 냉장 시설이 변변히 없던 시절 말린 밤은 영양이 농축되어 있고 달아서 아기들 이유식이나 보양죽, 탕이나 떡에 들어가는 재료로 사용됐다.
젖이 부족한 산모들은 밤 가루로 암죽을 쑤어서 모유를 대신할 정도로 영양이 풍부하다. 지금처럼 우유를 쉽게 구할 수 없는 옛날에는 밤암죽이 아기의 생명을 지켜주는 고마운 존재였다.

율건방 2

산바람, 강바람 자장가 삼아 익어 가는 맛

율건(栗乾, 밤말랭이) 만들기 2(율건방)
자루에 생밤을 담고 매달아 말린다. 일반적으로 바람에 말린 밤이 볕에 말린 밤보다 낫고, 불에 굽거나 기름에 볶은 밤이 삶거나 찐 밤보다 낫다.《본초강목》

栗乾方 2
以袋盛生栗懸乾. 蓋風乾之栗勝于日曝, 而火煨、油炒勝於煮蒸.《本草綱目》

재료: 생밤

만드는 법

1 자루에 생밤을 담고 매달아 말린다.

무겁고 껍질에 윤기가 도는 좋은 밤을 골라서 물에 담근다. 벌레를 먹지 않고 가라앉는 밤을 골라 통풍이 되는 자루에 담아 바람과 볕이 드는 곳에서 말린다. 말린 밤은 벌레가 생길 수 있어 냉장고나 냉동고에 보관한다.
군밤은 위장 기능을 활발하게 해주는 효소가 있어 복통이나 설사가 나면 군밤을 꼭꼭 씹어 먹는다. 밤을 말리지 않고 생밤으로 두려면 모래 속에 묻어두면 된다.

율건방 3

◇

바람, 햇볕, 불, 술, 꿀이 만든 향기로운 밤포

율건(栗乾, 밤말랭이) **만들기 3**(율건방)

건율 중에 껍질과 과육이 서로 붙어 쉽게 떨어지지 않는 밤은 참기름에 적셔 쟁개비 안에다 볶으면 껍질이 저절로 쉽게 떨어진다. 소주에 백밀을 타서 4~6시간 정도 담가두었다가 건져내어 거른 다음 젖은 베수건에 싼다. 이를 모루[鐵砧] 위에 두고 쇠공이로 두드려 동전처럼 납작하고 얇게 만든다. 이것을 먹으면 달고 연한 맛이 특이하다.《옹치잡지》

栗乾方 3

乾栗之皮肉相黏不易脫者, 蘸芝麻油, 銚內炒之, 則皮自易脫也. 燒酒調白蜜, 浸淹三兩時, 漉出, 濕布巾裹, 着置鐵砧上, 以鐵槌槌之, 令匾薄如錢, 啖之甘軟忒異.《饔饎雜志》

재료: 건율 200g(껍질 벗긴 밤 30개), 꿀 100mL, 소주 300mL,
참기름 30mL

만드는 법

1 건율 중에 껍질과 과육이 서로 붙어 쉽게 떨어지지 않는 밤은 참기름에 적셔 쟁개비 안에다 볶으면 껍질이 저절로 쉽게 떨어진다.
2 소주에 백밀을 타서 4~6시간 정도 담가두었다가 건져 내어 거른 다음 젖은 베수건에 싼다.
3 이를 모루 위에 두고 쇠공이로 두드려 동전처럼 납작하고 얇게 만든다.

1

1

tip. 너무 세게 치면 밤이 부서질 수 있어 힘 조절을 해 살살 두드려 편다.

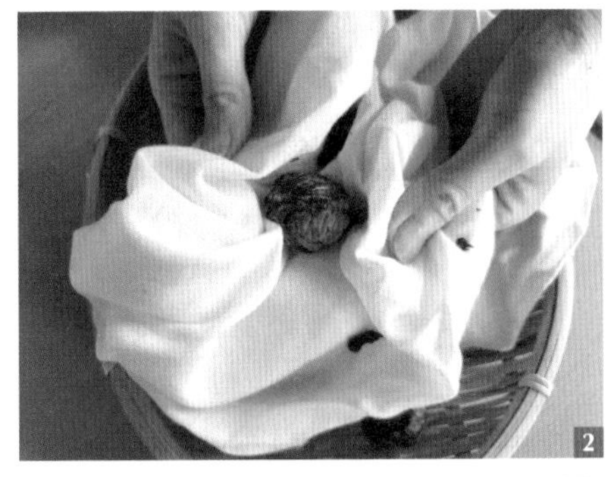

크게 기대를 하지 않고 바람과 햇볕이 잘 드는 앞마당 쪽 창가에 걸어 두었던 밤 자루를 풀었다. 밤이 잘 말라 가벼우면서도 밤 껍질에 윤기가 돈다. 벌레 구멍이 없는 밤을 골라 껍질을 벗겼다. 마른 낙엽처럼 변한 밤 껍질 속에 작게 오그라든 밤 알맹이가 쉽게 모습을 드러낸다. 마른 밤 알맹이에 세월이 담겨 있다.

나무껍질을 닮은 밤을 참기름에 적셔 약한 불에서 천천히 볶았다. 불기운을 머금은 밤들이 '피이, 피이' 작은 소리를 내며 분주하게 깨어난다. 손톱만 하게 작아졌던 밤들이 노랗게 솥 안에서 고소한 밤 향을 내며 커진다. 부딪히며 뾰족한 밤 머리가 터진다. 아무리 볶아도 끄떡도 없는 밤들도 많다. 속껍질 안에서 충분히 익도록 20분 이상 상태를 봐가며 볶아줬다.

모루

소주에 백밀을 타서 충분히 담가둔 후 꺼내서 베 보자기에 싼 다음 두면 껍질이 허물처럼 쉽게 벗겨진다. 적당히 탄력이 느껴질 때 살살 두드려 펴면 밤이 납작해지면서 커진다. 주름 가득했던 밤 얼굴이 살살 두드려주니 평평해진다. 밤이 여러 과정을 거치며 변해가는 모습이 색다르다. 가죽이나 금속이 아닌 밤을 벼리는 과정이 흥미롭다. 말리고 볶고 담그고 두드리는 과정을 통해 밤은 새로운 풍미를 간직한다.

달고 부드러우면서 단단한 상반되는 식감은 예상을 벗어나는 맛이다. 군밤이나 찐 밤, 율란에서는 느낄 수 없는 생명력이 느껴진다. 율포라는 이름이 맞을 듯하다. 술과 꿀에 절인 밤의 맛은 노골적이지 않으면서 간결하게 입맛을 붙드는 매력이 있다.

세월의 흔적을 그대로 간직한 밤 속껍질의 빛깔과 참기름을 머금은 마호가니 빛깔, 건조한 노란 밤알의 윤기가 주는 윤택함은 덤으로 즐길 수 있다. 밤 껍질의 가벼운 무게와 가볍게 깨지는 소리, 밤이 일어나는 소리가 밤 향기와 함께 오래 기억된다.

건율다식방 1

씹을수록 입안에 번지는 밤의 단맛

건율다식(乾栗茶食) 만들기 1(건율다식방)

건율을 빻고 체로 쳐서 가루 낸 뒤, 백밀에 반죽하여 목권(木圈, 나무 다식판)으로 찍어 낸다.《증보산림경제》

乾栗茶食方 1

乾栗擣羅爲粉, 用白蜜溲爲劑, 木圈印出.《增補山林經濟》

재료: 건율, 백밀

만드는 법

1 건율을 빻고 체로 쳐서 가루 낸다.

2 백밀에 반죽하여 다식판에 찍어 낸다.

tip. 고운 가루를 얻고 싶으면 갈아서 가루를 낸 뒤 고운체에 내리는 과정을 반복한다.

밤은 제사상에 오르는 과일 중 하나로 우리 민족이 즐겨 먹는 과일이다. 밤은 생으로 혹은 찌거나 삶기도 하고 구워 말려서 먹을 수 있다. 말린 밤은 삼계탕에 부재료로 많이 쓰이는데 설사를 멎게 하며 관절이 좋지 않을 때 다른 약재와 함께 달여 먹었다. 밤에는 비타민 B1이 풍부하게 들어 있어 가루를 내고 죽을 쑤어 아기들에게 먹였다. 두뇌 발달을 도와 호두와 함께 이유식 재료로 즐겨 사용됐다.

젖이 부족한 산모들은 밤으로 암죽을 쑤어 먹였다. 쌀을 가루 내어 백설기를 만들고 썰어서 볕에 말린 다음 가루로 빻았다가 밤 가루를 섞어 죽을 끓여 모유 대신 먹이거나 환자식으로 사용했다. 건율을 가루로 장만해두고 죽거리나 과자, 떡을 만들어 필요할 때마다 요긴하게 썼다.

목권을 만들 때는 길이 1.5척, 너비 0.2~ 0.3척 정도가 되는 황양목(黃楊木)을 윤이 나고 깨끗하게 손질한다. 이를 칼로 깎아서 지름 0.1척 되는 6~7개의 홈을 만든다. 그다음 각각의 둥근 홈 바닥에는 꽃과 새, 칠보(七寶) 등의 모양을 새긴다. 다식의 반죽이 다 되면 바로 반죽하고 남은 마른 가루를 홈 안에 뿌려 반죽이 달라붙지 않게 하고, 이어서 꿀로 반죽한 덩이를 홈 안에 채워 넣고, 손으로 꾹꾹 다져준다. 이를 도마 위에 올려 뒤집고서 2~3번 정도 두드리면 낱낱이 떨어져 나온다. 다식 위에는 꽃과 새, 칠보의 문양이 찍혀 있다.

木圈之制, 用黃楊木長可一尺半, 廣可數三寸者, 治令光淨, 以刀剜作六七徑寸陷, 圈底刻花鳥、七寶等形. 溲劑既成, 卽以溲餘乾粉, 糝于圈內, 令不粘, 仍以蜜溲之劑塡入圈內, 用手築實. 就俎案上, 翻敲數三次, 則个个脫出, 上印花鳥、七寶之紋.

《임원경제지》〈정조지〉 권3 과정지류 중에서

〈정조지〉에 보면 다식판을 만들기에 가장 좋은 나무로 황양목을 꼽고 있다. 황양목은 도장나무라고 불릴 정도로 강도가 강해 다식판이나 떡살을 만들기에 적합했다. 이 밖에도 박달나무, 대추나무, 먹감나무, 감나무 등이 떡살을 만드는 좋은 재료로 쓰였다. 다식판에는 2가지 종류가 있는데 위에 설명한 방식과 함께 받침대를 위 판과 아래 판 사이에 끼워서 다식을 만드는 방식도 있다. 다식 도장을 활용하면 더 쉽게 단단하면서 선명한 문양이 찍힌 다식을 얻을 수 있다.

◇ 다식판 이야기

서양에 가문을 상징하는 문장이 있다면 반가(班家)에서는 집안마다 고유의 다식판 문양을 가지고 있었다. 다식판은 시집올 때 가져오는 혼수품이기도 했고 집안에 큰일이 있을 때 꺼내서 쓰는 중요한 살림살이 중 하나였다. 다식판에는 이름이나 택호(宅號)를 새겨서 대대로 전해주거나 서로 모여 큰일을 치를 때 바뀌지 않도록 했다.
차 문화가 발달한 서울이나 경기 지역의 다식판은 문양이 세련되고 격조가 있었다. 반면에 직접 농사를 지어 먹으며 푸짐한 양을 중시한 서민들은 투박하고 정겨운 모양과 문양의 다식판을 만들어 사용했다. 전남의 강진, 옥과, 보성 지방의 떡살은 문양이 매우 우수하다. 유배를 온 선비들의 영향으로 차 문화가 활성화되면서 우수한 도안과 이를 바탕으로 떡살과 다식판의 수준도 높았던 것으로 보인다.

건율다식방 2

천연의 건강한 주전부리

건율다식(乾栗茶食) 만들기 2(건율다식방)

만약 건율(乾栗)이 없으면 생률(生栗)을 칼로 나뭇잎처럼 얇게 저민 다음 볕에 바싹 말린 뒤, 이를 빻고 가루 내어 쓰면 맛이 더 좋다.《증보산림경제》

乾栗茶食方 2

如無乾栗, 生栗飛刀薄削如葉, 曬極乾, 擣作粉尤佳.《增補山林經濟》

재료: 생률

만드는 법

1 건율이 없으면 생률을 칼로 나뭇잎처럼 얇게 저민다.

2 볕에 바짝 말린 뒤 이를 빻고 가루 내어 쓰면 맛이 더 좋다.

음력 8월이면 아이들은 뒷동산에 올라 깔깔거리며 대추, 밤을 주웠다. 작은 모닥불을 피워 밤을 구워 먹기도 하고 부지런한 아낙들은 대추와 알밤은 말렸다가 겨울철을 대비했다. 다디단 밤은 밤 가루로 장만했다. 메조, 쌀, 황률가루, 대추를 넣고 조[粟]미음, 송(松) 미음을 쑤어 춥고 긴 겨울을 지낼 웃어른께 정성껏 대접했다. 젖이 부족해 아이가 발육이 더디고 안색이 안 좋을 때도 먹였다. 영양 많은 대추와 황률가루는 소화가 잘되고 에너지를 빠르게 보충해 줘 죽이나 다식, 떡을 만들어 먹기에 좋았다.

건율은 만들기 쉽고 건조가 잘 되며 밤을 그대로 말리기 때문에 손쉽게 훌륭한 주전부리가 만들수 있다.

송황다식방

소나무의 정수를 모은 보석

송황다식(松黃茶食, 송홧가루다식) **만들기**(송황다식방)
송화는 피었는가 싶으면 바로 꽃가루가 날려 떨어지므로 거두기가 어렵다. 그러니 막 피려고 하면 가지째로 꺾어 깨끗한 자리 위에 펴고 볕에 말린다. 저절로 떨어지는 꽃을 취하고 수비(水飛)한 뒤, 볕에 말렸다가 꿀에 반죽하여 위와 같은 방법으로 찍어낸다.《증보산림경제》

우리나라에서는 회양(淮陽)에서 나는 송화가 마땅히 천하제일이다. 꿀로 반죽할 때 설탕 가루를 약간 넣으면 더욱 좋다. 포황(蒲黃)도 이 방법에 따라 만들 수 있다.《옹치잡지》

松黃茶食方
松花開, 旋飛落難收, 待欲開時, 連枝折, 下布淨席上曬之. 取自落花, 水飛曬乾, 蜜溲摸印如上法.《增補山林經濟》

我東淮陽産者, 當爲天下第一也. 蜜溲時, 略入沙糖屑則尤佳. 蒲黃亦可倣此法造.《饔饎雜志》

재료: 송홧가루 50g, 꿀 60mL(아카시아꿀), 설탕 가루 8.3g

만드는 법

1 막 피려고 하는 송화를 가지째로 꺾어 깨끗한 자리 위에 펴고 볕에 말린다.
2 저절로 떨어지는 꽃을 취하고 수비한 뒤 볕에 말렸다가 꿀에 반죽하며 설탕 가루를 꿀로 반죽할 때 약간 넣으면 더욱 좋다.
3 포황도 같은 방법으로 찍어 낸다.

tip. 고운 가루를 얻고 싶으면 갈아서 가루를 낸 뒤 고운체에 내리는 과정을 반복한다.

송화는 4월 말에서 5월 초 소나무에 쥐꼬리같이 생긴 송순이 올라올 무렵 피는 소나무의 꽃가루다. 처음에는 녹색을 띠다가 노랗게 변하면서 꽃가루가 날리기 시작한다. 꽃가루가 노랗게 변해 날리기 직전에 채취해야 한다. 봄마다 한 달 정도 창문가에도 길 웅덩이에도 송홧가루가 날려 천덕꾸러기 취급을 받기도 하지만 송홧가루는 뛰어난 효능을 가지고 있다. 송황다식은 두뇌 건강과 성인병 예방에 좋은 피크노제놀 성분이 들어 있어 서유구 선생은 《옹치잡지》에서 안주로 먹으면 산림의 흥취를 일으키며 몸에 유익하다고 밝혔다. 송화는 몸을 가볍게 하고 병을 치료하는 효능이 있어 옛날 사람들이 귀히 여긴다고도 했다.

송황다식을 다식 중에 으뜸으로 쳤는데 의례상에 반드시 올려 화려한 색을 뽐냈다. 송홧가루를 수비할 때는 송진 등 불순물이 많아 여러 번 물에 가라앉혀 수비한다. 송홧가루의 맛이 농축되어 있어 설탕 가루가 조금 들어가면 맛이 산뜻해지면서 가벼워진다. 설탕 입자가 굵을 경우는 잘 섞이지 않을 수 있어 갈아서 쓴다.

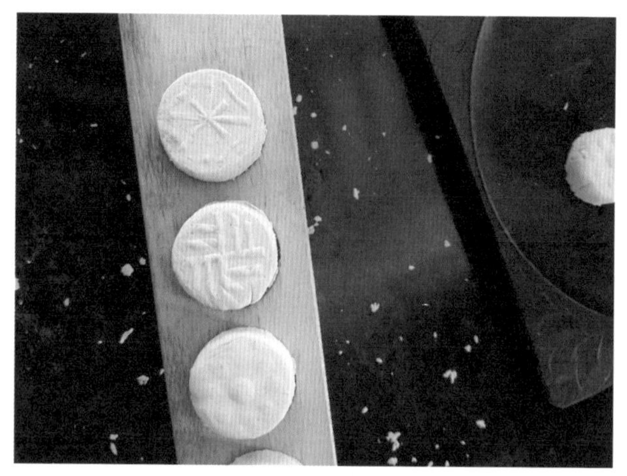

송황다식은 맛이 자극적이지 않고 벨벳같이 부드러운 입자가 침에 녹아 입안에 퍼지는 느낌이 그윽하다. 봄을 담아 표현하는 대표적인 음식으로 화전을 많이 떠올리지만, 송황다식만큼 봄을 그리는 음식은 없다. 솔숲을 걷고 적당한 솔잎을 채취해 말리고 수비하는 과정 자체가 다 특별한 경험이다. 매번 이렇게 할 수는 없어도 한 번쯤 만들어 보면 선조들이 극찬한 송황다식의 매력을 온몸으로 느낄 수 있다.

* 송홧가루 수비하는 법

송홧가루를 볕에 말린 후 그릇에 물을 붓고 털어 내 여러 번 체에 내려 불순물을 제거한 송홧가루를 넣고 저어준다. 그대로 5시간 정도 두었다가 위에 뜨는 불순물은 물과 함께 버리고 여러 번 물을 갈아주며 침전시켜 불순물을 제거한다. 천을 깐 고운체에 걸러 수분이 없어질 때까지 말린 뒤 긁어 고운체에 다시 한번 내려 사용한다.

포황다식

사람의 발길이 뜸한 습지에 드문드문 모여 군락을 이룬 부들의 꽃가루가 포황이다. 소시지처럼 생긴 대에서 채취하는 포황은 바람에 꽃가루를 날려 멀리 생명을 보낸다. 부들은 혈액을 맑게 해주고 지혈 작용이 있어 자궁출혈이나 생리통, 혈뇨 등에 쓰였다. 2004년 5월 대전광역시 중구 목달동 송정마을 여산 송씨 문중 묘역에서 가족 미라가 발굴됐다. 학봉장군이라는 명칭이 붙은 미라의 몸 안에서 애기부들 꽃가루가 다량 검출됐다. 검사 결과 학봉장군은 중증 폐 질환을 앓고 있었고 각혈 치료제로 지혈 작용이 있는 애기부들 꽃가루를 복용한 것으로 추정했다.

송황다식이나 포황다식은 과자이면서 약용으로서 효능도 빼어났음을 알 수 있는 대목이다. 계절감과 효능 두 가지 면을 다 살릴 수 있는 두 가지 다식은 자연이 준 특별한 선물이다.

재료: 포황 가루 50g, 꿀 60mL(아카시아꿀), 설탕 가루 8.3g

만드는 법

1 막 피려고 하는 포황을 가지째로 꺾어 자리 위에 펴고 볕에 말린다.

2 저절로 떨어지는 꽃을 취하고 수비한 뒤 볕에 말린다.

3 2를 꿀로 반죽할 때 설탕 가루를 약간 넣으면 더욱 좋다.

거승다식방

검은 자개장에 핀 고아한 화조도

거승다식(巨勝茶食, 흑임자다식) **만들기**(거승다식방)

검은깨(흑임자)를 9번 찌고 9번 볕에 말려 거친 껍질을 비벼 벗긴 다음, 고소한 향이 나도록 볶아 이를 빻고 체로 친다. 앞의 방법과 같이 꿀을 섞고 목권에 찍어 내서 먹으면 눈을 밝게 하고 수명을 늘린다【안 찍어 낼 때는 먼저 백설탕 가루를 꽃이나 새 문양틀 안에 채워 넣은 후에, 비로소 참깨 반죽을 넣어 찍어 내면, 검은 바탕에 흰 무늬가 아낄 만하다】. 《증보산림경제》

巨勝茶食方

黑胡麻九蒸九曝, 挼去粗皮, 炒香擣篩. 和蜜摸印如前法, 明目延年【案 摸印時, 先以白沙糖屑, 塡入花鳥紋內, 然後始入胡麻印脫, 則黑質白紋可愛】.《增補山林經濟》

재료: 검은깨 1컵(가루 100g), 꿀 60mL, 백설탕 가루 10g

만드는 법

1 검은깨를 깨끗이 씻은 후 조리질해 물기를 뺀다.

2 9번 찌고 9번 볕에 말려 거친 껍질을 비벼 벗긴다.

3 참깨 반죽을 넣어 찍어 내면 검은 바탕에 흰 무늬가 아낄 만하다.

tip. 꿀을 넣고 오래도록 반죽해 기름기가 나오도록 주무르거나 절구에 친다. 무게 5g 정도의 밤톨처럼 빚는다. 한지나 키친타월에 기름기를 짜내 흡수시킨다. 설탕 가루가 선명하게 나오려면 문양을 깊이 판 다식틀을 써야 한다. 설탕은 습기를 날려 포슬하게 준비해야 깨끗하게 문양이 찍힌다.

도리깨질로 깨를 터는 모습

흑임자다식은 만드는 과정에 정성이 많이 들어간다. 흑임자 가루를 만들기 위해 9번 찌고 9번 볕에 말리는 과정을 거쳐야 한다. 흑임자다식은 먼저 설탕 가루를 다식틀의 문양에 뿌려 다식을 찍어내기 때문에 아름다운 문양을 감상할 수 있다. 차와 함께 먹을 때 가장 잘 어울리는 다식이다.

문양을 나타내는 설탕이 잘 표현되려면 깨의 기름기를 잘 제거해야 한다. 절구에 친 깨의 기름기를 충분히 빼면 설탕이 녹지 않는다. 반죽의 수분과 유분을 제거해 하얀 설탕 가루 화장이 돋보이도록 한다.

흑임자는 노화 방지에 탁월한 식품으로 귀한 대접을 받아왔다. 윤기 나는 피부, 건강한 모발을 유지하는 데 도움을 주며, 빈혈을 예방하고 몸을 따뜻하게 해 자양강장 식품으로 죽이나 떡, 과자를 만들거나 양념으로 활용해 왔다. 또 흑임자는 토코페롤과 세사몰, 세사미놀, 세라늄 성분이 들어 있어 치매를 예방한다. 흑임자는 향을 즐기고 싶으면 뿌릴 때 손가락으로 비비면 향이 살아난다. 다식이나 강정은 물론 다양한 형태로 흑임자를 뿌려 먹도록 한다.

상자다식방

무던한 맛에 담긴 든든함

상자다식(橡子茶食, 도토리다식) 만들기(상자다식방)

도토리[橡子]는 껍질을 벗기고 솥이나 삼발이 솥의 물에 담가 푹 삶은 뒤 건져내어 깨끗한 동이 안에 담고 새로 길어온 물에 3~5일간 담가둔다. 이때 여러 차례 물을 갈아 주어 그 떫은맛을 제거한다. 이를 볕에 말려 빻고 체로 쳐서 가루 낸 뒤, 꿀에 반죽하여 떡 모양으로 찍어낸다. 장(腸)을 튼튼하게 하고 사람을 살찌게 하며 흉년[歉歲]의 허기를 막을[禦] 수 있어 '어겸병(禦歉餅)'이라 할 만하다. 《옹치잡지》

橡子茶食方

橡子去殼, 鼎鐺內水淹煮熟, 漉出盛淨盆中, 新水浸沒三五日, 屢換水, 去其澁味. 曝乾擣羅爲粉, 蜜溲摸印爲餠. 厚腸肥人, 可禦歉歲, 可名"禦歉餠". 《饔饎雜志》

재료: 도토리 가루 50g, 꿀 32mL

만드는 법

1 도토리는 껍질을 벗기고 솥이나 삼발이 솥의 물에 담가 푹 삶은 뒤 건져낸다.
2 깨끗한 동이 안에 담고 새로 길어 온 물에 3~5일간 담가둔다. 이때 여러 차례 물을 갈아 주어 떫은맛을 제거한다.
3 이를 볕에 말려 빻고 체로 쳐서 가루 낸다.
4 꿀에 반죽하여 떡 모양으로 찍어 낸다.

1

4

표고버섯 재배(동상면)

가을 산에 오르면 흔히 볼 수 있는 참나무의 열매인 도토리는 대표적인 구황 식품이다. 떫은맛을 잘 우려내 가루로 만들어 두면 활용도가 높다. 녹말 성분이 많아 죽이나 떡, 국수를 만들어 먹거나 묵을 만들어 먹는다. 탄닌 성분이 잘 우러나도록 한 번 삶은 다음 여러 번 물을 갈아 주며 우려낸다.

도토리 속의 아콘산은 인체 내의 중금속 배출과 숙취 해소를 돕는다. 칼로리가 낮아 다이어트에 도움이 되나 지나치게 섭취하면 변비를 유발할 수 있어 주의해야 한다.

도토리는 5일 정도 담가두어 쓴맛을 거의 빼면 맛이 무덤덤해진다. 가루로 만들어 두면 믿음직한 맏이처럼 배고픔을 해결해 주고 사람을 살찌게 해준다. 흉년이 들어 음식이 부족할 때 허기를 막아주는 고마운 존재라는 뜻의 '어겸병'이 되기에 충분하다.

사람보다 부지런한 다람쥐가 죄다 물어가 저장했는지 부지런한 촌로가 주워 갔는지 도토리가 생각보다 많지 않다. 상자다식은 건빵처럼 비상식량에 가까운 보존식품의 한 형태라는 생각이 든다. 참나무의 한 종류인 굴참나무의 껍질로는 너와집의 지붕을 만들었고 참나무로는 참숯을 만들고 표고버섯을 기르는 데도 쓴다. 서양에서는 오크통에 술을 담아 저장하고 숙성시키는 데 썼다. 참나무는 소나무처럼 무엇 하나 버릴 게 없는 이로운 존재다.

녹두분다식방

입안에 퍼지는 새콤한 여운

녹두분다식(綠豆粉茶食, 녹두가루다식) **만들기**(녹두분다식방)
녹두를 물에 담갔다가 간 뒤 맑게 가라앉히고 걸러 가루 낸다. 이를 오미자즙에 담갔다가 얇게 펴서 볕에 말린다. 다시 연지 조금을 넣어 붉은색을 내고 백밀·설탕 가루를 섞어 떡 모양으로 찍어내면 그 색이 연홍색이므로 '홍옥병(紅玉餠)'이라 부를 만하다. 칡가루·고사리 가루·연근 가루·고구마 가루는 모두 이 방법에 따라 만들 수 있다.《옹치잡지》

綠豆粉茶食方
綠豆水泡磨, 澄濾爲粉, 以五味子汁漬之, 薄布曬乾. 更入些臙脂設色, 和白蜜、沙糖屑, 摸印爲餠, 其色嫣紅, 可名"紅玉餠". 葛粉、蕨粉、藕粉、甘藷粉, 皆可倣此法造.《饔饎雜志》

재료: 녹두 200g(녹두분 50g), 오미자 40g, 물 200mL, 연지 5g(연지즙 5mL), 백밀 25mL, 설탕 16g

---

만드는 법

1 녹두를 12시간 이상 물에 담갔다가 껍질을 벗겨낸다.
2 녹두를 곱게 간 뒤 고운체에 밭쳐 맑게 가라앉히기를 5번 반복한다.
3 하얀 녹말을 얻어 깨끗한 그릇이나 한지 위에서 말린다.
4 말린 가루를 걷어 부순 뒤 고운체에 내린다.
5 4를 오미자즙에 담갔다가 얇게 펴서 볕에 말린다.
6 다시 연지 조금을 넣어 붉은색을 내고 백밀, 설탕 가루를 섞어 떡 모양으로 찍어 낸다.

2

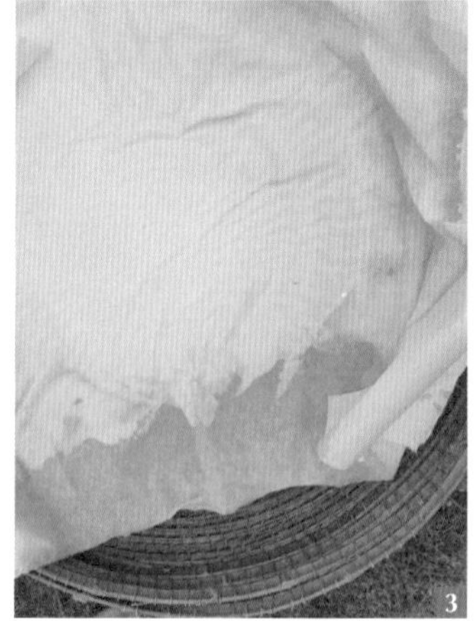
3

tip. 꿀은 처음부터 많이 넣지 말고 뭉쳐지는 정도를 봐 가며 조금씩 넣는다. 반죽이 질어질 수 있어 다식틀에 기름을 발라 준다.

다식은 우리나라에서 차 문화가 가장 융성했던 고려 시대에 팔관회나 귀족들의 잔치, 왕실의 행사 등에 차와 함께 올랐다. 조선 시대 어의 전순의(全循義)가 저술한 《산가요록(山家要錄)》(1459)이나 김유(金綏)의 《수운잡방(需雲雜方)》(1540), 허균(許筠)의 《도문대작(屠門大嚼)》(1611)에도 다식에 대한 기록이 나와 있다.

최초의 한글 조리서인 장씨 부인의 《음식디미방》(1670)에는 "다식을 볶은 밀가루에 꿀과 참기름, 청주를 넣고 만들어 기와 속에 모래를 깔고 깨끗한 종이를 깐 후 다식을 올리고 암키와로 덮고 만화(慢火)를 아래위로 덮으면 익는다."라고 소개하였다.

다식 가루를 익혀서 만들고 참기름과 청주를 넣어 약과의 재료와 비슷하면

서도 기와 속에 구운 과자에 가까운 모습을 볼 수 있다.

성대중(成大中)의 《태상지(太常誌)》(1873)에도 전다식(煎茶食)이라 하여 다식을 만든 후 기름에 지진다고 기록되어 있다. 빙허각 이씨의 《규합총서》(1809)에는 녹말다식에 대한 기록이 보인다.

색을 내기 위해 오미자즙과 연지를 사용했고 단맛을 내고 반죽을 뭉치는 응집제로 설탕과 꿀을 함께 사용해 깔끔하면서도 부드러운 단맛을 냈다.

다식은 빨강, 노랑, 흰색, 검정, 녹색의 오방색을 표현하고 차와 함께 마시며 색과 맛을 음미했다. 의례 때는 다식을 입체적으로 쌓아 또 다른 조형미가 돋보이도록 했다. 다식은 우리 민족이 가지고 있는 예술성을 보여주는 작품이라고 볼 수 있다.

혼례상이나 회갑상에는 화려한 송화다식, 오미자다식, 흑임자다식, 청태콩다식, 쌀가루다식에 길상문으로 다산과 수복강녕을 의미하는 포도, 석류, 모란, 국화문 등을 사용하고 귀갑문, 당초문, 십장생문 등을 사용했다. 제례상에는 귀한 송화다식이나 흑임자다식, 쌀다식 등을 올려 격을 갖췄다.

오미자와 연지의 붉은빛이 반죽에 들어가면 차분한 분홍빛으로 변해 홍옥병(紅玉餠)이라 부를 만하고 칡가루, 고사리 가루, 연근 가루, 고구마 가루도 모두 이 방법으로 만들 수 있다는 선생의 말씀이 이해가 간다. 주변에서 쉽게 얻을 수 있는 전분 가루로 다식을 만들 수 있게 꼼꼼하게 기록하셨다는 생각이 든다.

녹두는 세안제로 쓰일 정도로 해독 작용이 뛰어나고 낯빛을 맑게 해줘 녹두분다식은 '먹는 화장품'으로 쓰였다. 입안에 넣자마자 새콤하면서 침에 순식간에 녹는 게 은은한 차와 함께 먹으면 소화제 역할도 한다.

녹말은 원래 녹두의 전분만을 말했다. 녹두는 단백질과 류신, 라이신, 발린 같은 필수 아미노산의 함량이 높아 노약자나 어린이들의 성장 발육을 돕는다.

산약다식방

뽀얀 속살의 마와 향신료의 조화

산약다식(山藥茶食, 마다식) **만들기**(산약다식방)

생마[薯蕷]를 쪄서 껍질을 벗긴 뒤 깨끗한 살을 가져다 곱게 빻고 체로 친다. 백밀에 반죽하여 계핏가루·산초 가루를 넣고 떡 모양으로 찍어 낸다. 물에 갈고 걸러 가루 낸 뒤 볕에 말려 위의 방법과 같이 찍어 내도 된다. 마는 일명 옥연(玉延)이므로 이를 '옥연병(玉延餠)'이라 할 만하다. 《옹치잡지》

山藥茶食方

薯蕷生者, 烝去皮, 取淨肉, 擣爛篩過. 以白蜜溲之, 入桂、椒屑, 摸印爲餠. 亦可水磨濾粉, 曬乾, 摸印如上法. 薯蕷一名玉延, 此可名"玉延餠".《饔饎雜志》

재료: 생마 500g, 백밀 40mL, 계핏가루 1.7g, 산초 가루 1g

만드는 법

1 생마의 잔뿌리와 끝을 깨끗하게 정리하고 씻어 찐다.
2 껍질을 벗기고 깨끗한 살을 곱게 빻아 굵은체에 내린다.
3 백밀을 넣고 반죽해 계핏가루, 산초 가루를 넣고 떡 모양으로 찍어 낸다.

tip. 옥연병은 반죽이 질어 만든 다음 볕에서 말려 두었다가 저장한다.

마(痲)는 《삼국유사(三國遺事)》에 백제 무왕(武王) 서동(薯童)이 마를 캐서 살았다는 이야기 속에 등장한다. 마는 옥연(玉延), 서여(薯蕷), 산약(山藥), 산우(山芋)라고도 불리는데 뿌리를 쪄서 먹거나 불에 구워 먹거나 삶아 먹을 수 있어 배고픔을 이기는 데 매우 좋은 구황 작물이었다.

마는 뮤신(Mucin) 성분이 있어 소화를 돕고 위벽을 보호해 준다. 장벽을 깨끗하게 해줘 독성물질이 오래 머무르지 않게 해준다. 마 속에는 아밀라아제(Amylase), 디아스타아제(Diastase) 같은 소화 효소도 들어 있어 위가 약한 사람이 먹으면 소화가 잘된다. 다만 타이로신(Tyrosine)의 작용으로 마의 껍질을 벗겨 공기 중에 방치하면 갈변되는데 방지하려면 식초 물에 담가두면 된다. 옥연병은 마에 산초 가루와 계핏가루를 넣어 맛이 깔끔하고 향기로우며 마의 단조로운 맛을 이 두 향신료가 잡아 준다.

산초와 계피는 속을 따뜻하게 해주고 소화를 촉진시킨다. 굶주린 사람이 갑자기 먹고 체하지 않도록 두 가지 향신료를 넣어주었다. 마의 미끈한 성질을 활용해 갈아서 소스로 활용하거나 다루기 쉽게 쪄서 감자 대신 사용하면 소화력이 약해진 노약자나 어린이들의 성장 발육에 큰 도움이 된다.

마를 가루로 만들어 다식처럼 찍어 내는 방법도 있다. 쉽게 상하지 않아 보관성이 좋다.

만드는 법

1 마를 깨끗이 씻어 껍질을 벗기고 물에 간다.

2 걸러내서 가루를 낸 뒤 볕에 말린다.

3 가루를 채에 친 후 백밀에 반죽한다.

4 계핏가루, 산초 가루를 넣고 떡 모양으로 찍어 낸다.

강분정방

맵싸하고 부드러운 복숭아, 레몬 향 과자

강분정(薑粉錠, 생강가루떡) **만들기**(강분정방)

어린 생강을 질동이 안에서 간 다음 물에 담가 맑게 가라앉히고 찌꺼기를 걸러낸 뒤, 가루를 볕에 말린다. 시상·설탕·백밀과 섞어서 떡 모양으로 찍어낸다. 신명을 통하게 하고 비장을 따뜻하게 하는 효능이 있으므로 '통신병(通神餠)'이라 할 만하다. 《옹치잡지》

薑粉錠方

薑之嫩者, 瓦盆內磨礪, 水淹澄淸濾滓, 取粉曝燥. 和柹霜、沙糖、白蜜, 摸印爲餠. 有通神溫脾之功, 可名"通神餠".《饔饎雜志》

재료: 어린 생강 800g(생강가루 50g), 시상 4.3g, 설탕 20g , 백밀 33mL

만드는 법

1 어린 생강의 껍질을 벗기고 깨끗이 씻는다.
2 질동이 안에서 간 다음 물에 담가 맑게 가라앉혀 찌꺼기를 걸러낸다.
3 가루를 볕에 말렸다가 곱게 가루 낸다.
4 시상, 설탕, 백밀과 섞어서 떡 모양으로 찍어 낸다.

tip. 시상이 잘 생긴 곶감의 표면을 강판에 살살 갈아 시상을 모은다. 세게 갈면 과육까지 갈리므로 주의한다.

생강은 '새앙'이라고도 불리는데 집 근처에 심어 두고 식용과 약용으로 두루 쓰였다. 겨울철 감기에 걸리면 감기약으로도 달여 먹었다. 생강은 따뜻한 기온에서 잘 자라 남부 지방에서 흔히 볼 수 있다. 토종 생강은 알이 작고 매운맛이 강해 약성이 뛰어나다.
어린 생강은 붉은빛이 돌면서 수분이 많아 잘 갈린다. 생강은 체온을 올려줘 면역력을 높여주고, 알레르기를 개선해 준다. 생강은 음식의 느끼한 맛을 없애주고 기름기의 산화를 막아 준다. 생강 쿠키나 한과를 만들 때 생강을 넣는 이유다.

생강의 진저롤(Gingerol)과 쇼가올(Shogaol)은 대장균의 생육을 억제해 식중독을 예방해 준다. 항염, 항암, 항산화 작용이 뛰어나고 혈액순환을 원활하게 해줘 건강한 체질이 될 수 있게 도와준다.

생강을 갈아서 가라앉히면 생강 전분을 얻을 수 있다. 말려서 시상, 설탕, 백밀을 넣어 다식을 만들면 첫맛은 맵싸하고 뒷맛은 달고 복숭아와 레몬 향이 매력적인 과자가 완성된다. 톡 쏘면서 강한 생강 향과 달리 생강 전분의 향은 가루 특유의 정제된 달고 시원한 향이 인상적이다.

소화를 잘되게 해주고 입맛을 깔끔하게 정리해 줘 식후에 1~2개 천천히 먹으면 편강보다 부드러운 맛을 느낄 수 있다. 시상은 감의 표면에 생긴 포도당, 과당의 하얀 결정으로 천연 감미료 역할을 한다.

조유정방

대추가 품은 저녁노을의 향기

조유정(棗油錠, 조유떡) 만들기(조유정방)

조유(棗油, 조고를 빻아서 볕에 말린 것)를 꿀로 반죽하여 설탕 가루·계핏가루·산초 가루를 넣고 정(錠, 화폐로 쓰는 은덩이) 모양으로 찍어 낸다. 유익함[益]은 100가지[百]이고 손해는 1가지뿐인 것이 대추이므로 '백익병(百益餠)'이라고 이름한다. 《옹치잡지》

棗油錠方

棗油蜜溲之, 入沙糖、桂、椒屑, 摸印爲錠. 百益一損者棗也, 故名"百益餠".《饔饎雜志》

재료: 조유(조교를 빻아서 볕에 말린 것) 80g, 꿀 40mL, 설탕 가루 20g, 계핏가루 5g, 산초 가루 1.5g

---

만드는 법

1 조유를 꿀로 반죽한다.
2 설탕 가루, 계핏가루, 산초 가루를 넣고 반죽을 뭉쳐 정(錠) 모양으로 찍어 낸다.

깨 향을 입힌 조교

tip. 조유에 설탕 가루, 계핏가루, 산초 가루를 넣고 깁체에 친 후 꿀을 넣고 반죽하면 더 수월하다.

다디단 대추에 꿀과 설탕을 넣어 단맛을 극대화하고 참기름을 넣어 윤기를 준 후 참깻잎을 넣어 깨 향을 입힌 조교는 그대로 먹어도 훌륭한 과자다. 이것을 빻아서 볕에 말려 만든 조유는 당분 때문에 뭉치기 쉬워 필요에 따라 갈고 체에 거르면 더욱 고운 가루를 얻을 수 있다.

진한 단맛 때문에 느끼할 거 같지만 계핏가루와 산초 가루가 들어가 목 안이 상쾌하고 화한 맛이 있고 시원한 향이 느껴진다. 계핏가루와 산초 가루는 방부 작용이 있어 조유정방이 쉽게 상하지 않게 해준다. 단맛과 윤기, 향이 어우러진 조유정방은 다식 중에서 가장 손이 많이 가고 맛이 빼어나다.

대추는 생과로 먹든 말려서 먹든 어떤 형태로 먹어도 단맛이 있어 사람의 심신을 안정시킨다. 대추는 목밀(木蜜)이라고 불릴 정도로 깊은 단맛을 가지고 있다. 대추는 고나 식초, 차, 죽, 떡, 과자 등 여러 가지 음식의 재료나 고명으로 두루 쓰였다.

대추나무는 가지가 많이 벌어지면 열매가 많이 열리는데 《동국세시기(東國歲時記)》에 보면 단옷날 대추나무 가지 사이에 돌을 끼우고 도끼로 나무를 찍는 '대추나무 시집보내기'라는 풍습이 기록되어 있다. 사람들은 가지에 주렁주렁 열린 대추알을 보면서 자손 번창을 기원했다.

방검병방

달고 향기롭고 고소한 구황떡

방검병(防儉餠, 구황떡) 만들기(방검병방)

밤·붉은 대추·호두·시병(柹餠, 곶감) 이 4가지의 재료는 껍질과 씨를 제거하고 방아나 절구 안에서 문드러지게 빻은 다음 고루 주무르며 반죽해서 두꺼운 떡을 만든다. 이를 볕에 말리고 거두어 두었다가 흉년의 쓰임에 대비한다.《구선신은서》

防儉餠方

栗子、紅棗、胡桃、柹餠 右四件去皮核, 碓臼內擣爛, 均捻作厚餠, 曬乾收之, 以防荒歲之用.《臞仙神隱書》

재료: 밤 300g, 붉은 대추 100g, 호두 53g, 곶감 200g

만드는 법

1 밤은 껍질을 까고 속껍질도 제거한다. 대추도 씨를 빼낸다. 호두는 까서 물에 담가 두었다가 속껍질을 제거한다. 곶감도 갈라 씨를 빼낸다.

2 4가지 재료를 절구 안에서 문드러지게 빻은 다음 고루 주무르며 반죽해서 두꺼운 떡을 만든다.

3 볕에 말렸다가 거두어 둔다.

tip. 손질한 재료들을 잘게 다져서 찧으면 더욱 끈기가 생겨 잘 뭉쳐진다.

곶감과 대추의 찰기와 단맛, 고소한 호두와 영양 만점 밤을 함께 찧어 만든 방검병은 가을철 4가지 과실이 알차게 들어가 있다. 맛의 조화나 보관성이 좋아 흉년에 대비해 만들어 두면 최고의 식량 역할을 했을 듯하다.
밤과 호두는 속껍질을 잘 제거해야 떫은맛이 나지 않는다. 곶감과 대추는 설탕이 귀할 때 천연 감미료 역할을 했다. 감은 잘 익으면 그대로 음식에 넣어 단맛을 내고 말려서 곶감을 만들면 단맛이 극대화되고 곶감쌈이나 수정과에 띄워 먹었다.
곶감에는 카로틴과 칼륨, 식이섬유가 풍부하게 들어 있어 몸속의 노폐물을 효과적으로 배출해 주고 몸 안의 과도한 나트륨의 배설을 돕는다. 대추는 자양강장 효과가 뛰어나고 먹으면 속을 편하게 해준다. 혈관의 노화를 방지하는 호두는 양질의 불포화지방을 가지고 있어 콜레스테롤 수치를 떨어뜨려 준다. 비타민 B군과 E가 들어 있어 항노화 작용과 피로 해소에 도움을 준다.
밤 역시 탄수화물, 단백질, 비타민과 무기질이 풍부하고 특히 비타민 B1, 비타민 D, C가 들어 있어 인체의 골격 강화에 도움을 주며 항산화 효능이 뛰어나고 소화 흡수도 잘돼 이유식 재료나 환자식으로 적당하다.
구황떡의 재료는 칼로리가 높아 많이 먹지만 않는다면 맛과 영양, 소화까지 조화를 이룬 완전식에 가깝다. 지혜로운 조합이자 생명을 살리는 비상식(非常食) 역할을 했다.

황정병방 1

맑고 향기로우며 담백한 선인반

황정병(黃精餠, 죽대떡) 만들기 1(황정병방)

푹 찐 황정(黃精)은 껍질과 잔뿌리를 제거하고 볶은 황두(黃豆, 메주콩)【껍질을 제거한 것】를 섞은 뒤 빻아서 가루 낸다. 여기에 흰 당로(糖滷)를 더하고 주물러 덩어리를 만든 다음 떡을 만들어 먹으면 매우 맛이 담박하다.《준생팔전》

黃精餠方 1

用黃精烝熟者去衣鬚, 和炒熟黃豆【去殼】, 擣爲末. 加白糖滷, 揉爲團, 作餠食甚淸.《遵生八牋》

재료: 황정 1.2kg(손질한 황정 약 700g), 볶은 황두(메주콩) 300g,
흰 당로 110ml, 황정과 볶은 콩을 섞은 페이스트 상태 750g

만드는 법

1 황정을 깨끗이 씻어 푹 찐다.
2 껍질과 잔뿌리를 제거하고 볶은 황두(껍질을 제거한 것)를 섞은 뒤 빻아서 가루를 낸다.
3 2에 흰 당로를 더하고 주물러 덩어리를 만든 다음 떡을 만든다.

죽대둥글레 혹은 층층둥글레를 일컫는 황정은 마나 연근처럼 매끄럽고 끈적한 진액이 있으며 고구마나 비트처럼 달고 아삭아삭하면서 느끼하지 않다. 모든 뿌리 식물의 장점을 섞어 놓은 식감을 가지고 있다. 달고 시원해서 갈증을 가시게 해주는데 생으로 먹으면 고소한 맛과 향이 약하지만 쪄서 말렸다가 끓여 먹으면 달고 구수한 향이 진해진다. 옥죽둥글레는 주로 달여 마신다.

사포닌 성분이 들어 있어 약간 쓴맛이 나지만 강하지는 않아 물에 잘 씻거나 흐르는 물에 씻으면 약해진다. 둥굴레 속에는 식이섬유가 풍부해서 독소를 배출해 주고 황정 특유의 향은 심신을 편안하게 해주며 소화를 잘되게 해준다. 가마솥에 잘 누른 누룽지의 향과 단맛이 천연 소화제 역할을 한다. 황정에 풍부하게 들어 있는 필수 아미노산 중 하나인 트립토판(Tryptophane) 성분은 불면증을 예방하는 멜라토닌(Melatonin) 생성에 관여해 숙면을 취할 수 있게 도와준다. 또 비타민 B6, 효소 등과 작용해 심신의 안정에 관여하는 세로토닌(Serotonin) 수치를 올려 준다.

tip. 콩은 3~4시간 정도 물에 담가 두었다가 껍질을 벗겨 낸다. 볶은 황두와 당로는 수분량을 봐 가며 적당히 넣는다.

혈액순환을 원활하게 해주고 독소를 배출해 줘 피부미용에 좋은 황정은 스트레스와 불면증이 많은 현대인에게 꼭 필요한 식품이다. 황정은 뿌리, 잎, 꽃, 열매를 모두 먹을 수 있고 가루를 내어 일년을 먹으면 노인이 젊어지고 더 오래 먹으면 지선(地仙)이 된다고 했다.
메주콩 역시 사포닌 성분이 들어 있어 거품이 나지만 이소플라본, 피트산(Phytic Acid)등이 들어 있어 항암 작용을 한다.
당로를 넣어 반죽하면 담백하면서도 매끄럽고 고소한 단맛이 느껴져 그냥 먹어도 맛이 있다. 황정은 맥문동처럼 생겼지만 아기 피부처럼 매끄럽고 섬유질이 많으면서도 아삭하고 차가워 여러 매력을 지녔다는 생각이 든다. 겉으로는 차갑고 도도해 보이지만 속은 따뜻하고 진국인 사람을 보는 듯하다. 말려서 달여만 먹기에는 아까운 식재라는 생각이 든다. 현대인이 가장 관심이 많은 항노화 및 피부 건강, 혈액순환, 감정의 건강을 지키는 데 도움을 준다.

황정병방 2

구수하고 고소한 감미로움

황정병(黃精餠, 죽대떡) **만들기 2**(황정병방)

황정 뿌리 1석을 가늘게 자른 다음 물 2.5석에 삶아서 쓴맛을 없앤다. 이를 걸러서 명주 포대에 넣은 뒤 눌러 짜고 가라앉혀 맑은 즙을 얻는다. 이 즙을 다시 달여 고(膏)처럼 만든 다음, 이를 가지고 황두를 검어지도록 볶아 가루 낸 것과 섞어 0.2척 크기의 떡을 만들면 손님상에 올릴 수 있다. 《산가청공》

黃精餠方 2

黃精根一石細切, 水二石五斗煮, 去苦味, 漉入絹袋, 壓汁澄之. 再煎如膏, 以炒黑豆黃爲末, 作餠約二寸大, 可供客.《山家淸供》

재료: 황정 뿌리 1석(2kg), 물 2.5석(5L),
황두를 검어지도록 볶아 가루 낸 것(황두 500g)

만드는 법

1 황정 뿌리 1석을 깨끗하게 씻는다.
2 가늘게 자른 다음 물 2.5석에 삶아서 쓴맛을 없앤다.
3 이를 걸러서 명주 포대에 넣은 뒤 눌러 짜고 가라앉혀 맑은 즙을 얻는다.
4 이 즙을 다시 달여 고처럼 만든다.
5 황두를 검어지도록 볶아 가루 내어 4와 함께 섞어 0.2척(6cm 정도) 크기의 떡을 만든다.

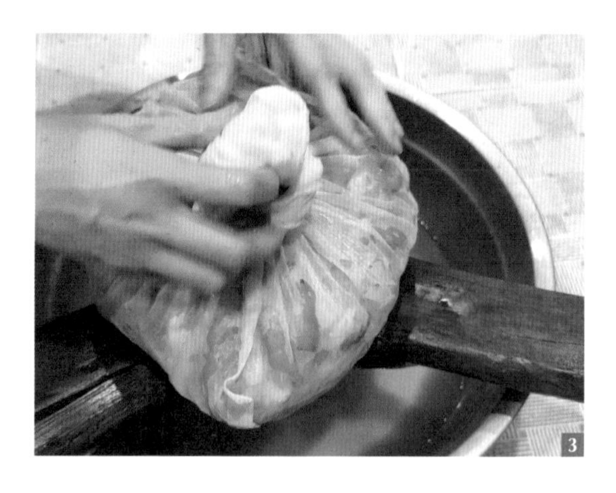
3

tip. 황정을 오래 고아 손으로 부수어서 짜고 즙이 잘 나오지 않을 수 있어 무거운 돌로 눌러 놓으면 좋다. 황정 찌꺼기는 말려 빻았다가 가루 내서 죽이나 떡, 과자를 만들 때 활용할 수 있다.

황정은 백합과의 식물로 뿌리와 줄기의 즙은 기미와 주근깨를 옅게 해주는 효과가 있다. 말린 황정 뿌리를 달여서 마셔도 맑은 피부색을 얻을 수 있다. 황정은 정과, 죽, 조림 등을 해 먹을 수 있다.
황정은 뿌리를 가늘게 잘라서 삶아 농축시키면 달고 구수한 즙을 얻을 수 있다. 대표적인 구황 작물로 춘궁기를 넘길 수 있게 해줬다. 명나라 때 주권(朱權)이 지은 《신은지(神隱志)》에 보면 황정을 고아서 즙을 짜고 남은 건더기를 볕에 말려 가루 내어 환을 만들어서 하루에 한 개씩 먹으면 곡식을 먹지 않아도 되며 온갖 병이 없어지고 몸이 가벼워져 늙지 않는다고 했다. 황정을 그늘에 말려 매일 맑은 물에 타서 먹고 1년이 되면 늙은이도 젊어진다고 한 것으로 보아 허기를 해결해 주는 것뿐만 아니라 노화 방지 효과까지 얻을 수 있는 기특한 식물이었다.
콩 속에 들어 있는 레시틴이 뇌의 노화를 예방해 주므로 황정과 함께 먹으면 더욱 효과적이다.
콩을 까맣게 될 때까지 약한 불에서 오래오래 볶으면 콩이 터지는 딱딱 소리가 간간이 들린다. 달고 고소한 콩 볶는 내가 진동할 때까지 충분히 볶아 준다. 그래야 빻았을 때 황정과 닮은 색의 진하고 고소한 콩가루를 얻을 수 있다. 서로 궁합이 잘 맞는 단짝이다.

현대편 당전과와 포과의 활용

아는 만큼 보인다는 말이 실감 난다. 조용히 우리 곁에 있었던 소중한 식재들이 눈에 들어온다. 수수하게 계절 따라 산과 들에 피고 지고 있었다. 누가 돌보지 않아도 저 스스로 노란 꽃을 피워 올린 유채꽃 무리, 누군가 정성껏 가꾼 이국의 로즈메리가 자라는 소박한 화단, 별에 닿을 듯 자라버린 나무 아래 밤송이가 뒹굴고 도토리가 발끝에 굴러 멈춘다. 시간을 꼬깃꼬깃 간직한 낡은 기억의 한편 장독대 위로 소복이 눈이 쌓인다. 새로 사귄 식재들과 설렘을 담아 우리에게 도움이 될 만한 과자들을 만들어 보았다.

마름, 연근 젤리

건강한 장을 위한 장 청소 젤리

재료: 가루 한천 7g, 물 600mL, 설탕 400g, 물엿 30mL, 마름 연근 페이스트 70g
마름 연근 페이스트 재료: 마름 20개, 연근 2개 껍질, 연근껍질즙 100g,
물 200mL, 꿀 40mL

만드는 법

1 마름 연근 페이스트를 만들어 둔다.
2 가루 한천을 물에 풀어 센 불에서 끓인다.
3 한천이 녹으면 설탕을 넣고 눋지 않게 졸인다.
4 체에 액을 걸러 103.5도를 유지할 때까지 졸인다.
5 물엿을 넣고 준비한 틀에 액을 붓는다.
6 원하는 위치에서 잠시 식힌 후 페이스트를 떠서 올린다.
7 다시 위에 한천 액을 붓고 서늘한 곳에서 굳힌 다음 꺼내서 접시 위에 올린다.

한천은 우무를 동결 건조하거나 압착 탈수해서 만든 마른 식품이다. 투명하고 흰빛이 도는데 응고력이 강하고 보존성이 좋아 쉽게 상하지 않는다. 수분을 보존하는 능력도 뛰어나 제과, 빙과류를 만들 때 즐겨 사용된다.
한천은 조선 효종(孝宗) 때 이원진(李元鎭)이 편찬한 《탐라지(耽羅志)》나 《신증동국여지승람(新增東國輿地勝覽)》을 보면 진상 품목에 들 정도로 귀한 대접을 받았다. 한천은 1912년 조선총독부가 대구에 한천제조시험소를 설립하면서 생산되기 시작했다. 밀양에 가면 한천 테마파크가 있는데 밀양은 1913년 카시이라는 일본 사람이 카시이[香椎] 한천제조소를 세웠던 곳이다. 우뭇가사리를 써서 추출, 여과, 응고 동결, 탈수해 만드는 과정을 잘 이해할 수 있다. 한천은 제주에서 해녀들이 손으로 따는 것을 사들여 만드는데 밀양이 내륙이지만 일교차가 커 한천을 만들기에 적합한 기후지역이다.

한천은 해초라서 칼로리가 낮고 식감도 부드러우며 함수율이 높아 다이어트를 하는 사람이나 변비가 있는 사람이 먹으면 큰 도움이 된다. 콜레스테롤 수치를 내려줘 혈압도 떨어뜨려 준다.
예로부터 여름이면 채를 쳐 콩국에 띄워 먹었고 일본에서는 우리보다 훨씬 다양하게 과자나 다이어트 요리로 활용해 먹고 있다. 쉽게 포만감을 주고 배 속을 깨끗하게 해주는 자연이 준 최고의 선물이다. 마름 연근 페이스트를 준비해 한천 젤리로 만들어 먹으면 다소 부족한 영양 성분도 들어가고 알록달록한 색은 아니지만 아이들의 상상력을 자극할 수 있는 재미있는 색과 모양의 젤리가 된다.

tip. 한천 액은 쉽게 끓어 넘치므로 지켜보며 불 조절을 해준다. 먼저 부은 한천액이 굳기 전에 반죽을 올리면 자연스러운 모양을 얻을 수 있다. 원하는 모양대로 붓는 시기는 조절한다.

산사쿠키

선명한 산사 빛이 돋보이는 흑당쿠키

재료: 박력분 160g, 흑설탕 40g, 백설탕 80g, 버터 120g, 달걀 2개, 화이트초콜릿 40g, 마카다미아 30개, 피칸 15개, 산사당절임 40g(산사, 설탕, 럼주, 키르쉬, 석류주스 30g), 베이킹파우더 1/4작은술, 소금 1/8작은술

만드는 법

1 산사는 살만 얇게 저며 설탕, 럼주, 키르쉬, 석류주스를 넣고 절였다가 그늘에서 건조한다.

2 박력분을 덩어리 없게 고운체에 내린다.

3 버터를 녹여 달걀과 섞어 주고 여기에 백설탕, 흑설탕을 섞어 박력분, 소금, 베이킹파우더를 넣고 반죽한다.

4 화이트초콜릿, 마카다미아, 피칸, 산사당절임을 섞어 준다.

5 반죽을 떼어 냉장고에서 40분 정도 숙성시킨 후 175도 오븐에서 15분 정도 굽는다.

산사는 당절임을 해놓으면 빛깔이 선명하고 강렬해 쿠키나 샐러드 등에 활용하기 좋은 재료다. 특히 산사는 소화를 돕고 숙적을 풀어주는 효과가 뛰어나다. 흑설탕을 넣으면 쿠키의 향이 훨씬 풍부해진다.
산사는 당절임을 해서 말릴 때 너무 바짝 말리지 않아야 부드럽다. 쿠키를 구울 때 반죽은 적당히 섞되 덩어리가 지지 않게 한다. 반죽은 30g 정도로 떼어 작게 혹은 50g 정도로 크게 나누고 냉장고에서 숙성시키면 반죽이 수축하면서 훨씬 쿠키의 결이 바삭해진다.
마카다미아는 호주가 원산지로 견과류의 왕으로 불릴 정도로 부드러우면서도 고급스러운 맛을 가지고 있다. 마카다미아는 불포화 지방산을 풍부하게 가지고 있어 뇌 건강을 지켜준다. 마카다미아에는 필수 지방산인 올레산(Oleic acid)이 풍부해 다양한 혈관질환을 예방해 준다. 칼슘이 풍부해 골다공증을 예방해주고 항산화 성분이 풍부해 피부를 윤기 있게 만들어준다.

tip. 반죽이 부풀어 오르므로 간격을 떼어 놓고 원하는 색이 날 때까지 지켜보며 색을 낸다. 반죽은 지나치게 치대면 다 구웠을 때 바삭하지 않다. 구운 다음에는 바로 식힘 망에 올려야 바삭하다.

꿩엿

엿 속에 담긴 치료의 지혜

재료: 꿩 육골즙 1L, 약재 달인 물(대추, 도라지, 밤, 생강, 사과) 2L, 찹쌀 360g, 엿기름가루 300g, 설탕 180g, 물 5L, 조청 350mL

만드는 법

1 꿩은 푹 달여 즙만을 취한다.
2 약재는 깨끗이 씻어 오랜 시간을 고아 즙만 추출한다.
3 찹쌀은 씻어서 불린 후 된밥을 해서 엿기름가루를 넣고 식혜를 만든다.
4 꿩 즙에 약재 달인 물, 식혜 물을 넣고 12시간 이상 달이다가 졸아들면 조청을 조금 더 넣고 윤기나게 조린다.
5 기름을 칠한 판에 부어 식힌 후 굳으면 먹기 좋은 크기로 자른다.

원하는 약재 달인 물을 넣고 엿을 만든 약엿이다. 엿기름가루를 넣고 달여 만들기 때문에 소화가 잘되게 해주고 생강이 들어가 속을 따뜻하게 해준다. 과일즙과 설탕, 꿀에 약재 가루를 넣어 달여서 만들 수도 있다. 이렇게 만들면 약 성분을 먹기에 편하고 흡수가 잘되며 속이 편한 장점이 있다. 그대로 녹여 먹거나 끓는 물에 넣어 녹여 마실 수도 있다.

꿩은 고기가 연하고 단백질 함량이 높으며 누린내가 전혀 나지 않아 예로부터 장국 물을 내는 데 꿩고기를 즐겨 썼다. '꿩 대신 닭'이라고도 하고 '꿩 구워 먹은 소식', '꿩 먹고 알 먹는다'는 속담을 통해서도 꿩고기 맛이 빼어나다는 것을 알 수 있다.

꿩엿은 만드는 데 시간은 많이 걸리지만 한 번 만들어 두면 비위가 상하거나 원기가 떨어졌을 때 요긴하게 쓸 수 있다. 추운 겨울에 약엿을 달여 바쁜 가족들을 위해 간편하게 먹을 수 있는 보양식으로 꿩엿을 만들어두면 좋다.

tip. 꿩은 뼛속에 있는 성분까지 우러나게 오래 달여 즙을 추출한다. 잘 저어주다가 특히 마지막에는 눋지 않도록 유의해서 저어줘야 한다.

설탕 생초콜릿

갈색 모래사장 위의 부드럽고 쌉싸래한 기억

재료: 다크초콜릿 150g, 화이트초콜릿 25g, 물엿 7g, 버터 14g, 럼주 6mL, 갈색 커피 설탕 20g, 초콜릿 파우더 적당량

만드는 법

1 갈색설탕은 원하는 입자 크기로 준비한다.

2 다크초콜릿과 화이트초콜릿을 각각 녹여 준다.

3 생크림, 물엿과 버터는 녹을 정도로만 데운다.

4 럼주를 섞어 준다. 2와 함께 섞어 주고 설탕 입자도 섞어 준다.

5 가나슈 틀에 유산지나 랩을 깔고 반죽을 부어준 후 굳으면 원하는 크기로 자른다.

6 초콜릿 파우더를 입혀 준다.

생초콜릿은 입안에서 감미롭게 녹아 한 번 먹기 시작하면 멈출 수가 없다. 가나슈가 소를 넣은 떡이라면 생초콜릿은 인절미처럼 단순하지만 오히려 더 매력적이다. 오래전부터 있어 온 친구처럼 묵직하면서 인체의 온도에 반응하는 사랑스런 존재다. 카카오는 뇌를 활성화하고 스트레스를 없애주며 변비를 예방해준다. 설탕 함량이 높지 않으면 칼로리 부담도 덜하다. 카카오 콩에는 폴리페놀과 단백질, 플라보노이드 성분이 들어 있어 장의 연동 작용을 쉽게 해주고 항산화 성분 때문에 미용 목적으로도 적합하다. 카카오닙스가 건강한 간식으로 주목받는 이유다.
사각형의 파베 모양의 생초콜릿에 갈색 커피그래뉼 설탕을 넣으면 살짝 씹히는 맛이 생기면서 오랜 시간 동안 입안에서 단맛의 다양한 변화를 즐길 수 있다. 저녁노을이 진 후 아쉬움이나 즐거웠던 여행을 떠올리며 긴 여운을 즐길 수 있다. 그래뉼러당은 정제도가 높고 일반 설탕보다 천천히 녹으므로 원래 초콜릿의 맛을 해치지 않고 긴 여운을 즐길 수 있게 해준다.

tip. 생크림, 버터, 물엿은 40도를 넘지 않게 한다. 초콜릿은 굳이 템퍼링하지 않아도 되지만 템퍼링을 하려면 물이 들어가지 않게 주의한다.

쑥 크레이프수제트(쑥 전병)

쑥 캐던 이야기를 담은 보자기

재료: 밀가루(박력분) 100g, 바닐라 슈거 20g, 맥주 70mL, 우유 60mL,
달걀 2개, 소금 1g, 레몬즙 5mL, 쑥 가루 10g, 버터 적당량
소스: 버터 50g, 설탕 100g, 자몽주스 1컵, 쑥 술 10mL, 쑥 가루 2g

만드는 법

1 밀가루와 바닐라 슈거는 쑥 가루와 섞어 체에 친다.
2 1에 맥주와 우유, 달걀, 소금을 넣고 섞는다.
3 잘 섞인 반죽에 레몬즙을 넣고 냉장고에 30분 정도 둔다.
그 사이에 팬에 녹인 버터를 넣고 설탕을 넣고 녹여 갈색이 되면
자몽주스를 넣고 졸인다.
4 팬에 버터를 두르고 반죽을 떠서 넣고 얇게 부친다.
5 소스가 반 이하로 졸면 4를 넣고 적신 다음 접시에 담고 소스를
끼얹어 낸다.
6 쑥 잎과 쑥 가루를 뿌려 장식한다.

봄볕이 따사로운 어느 날 학교 끝나기 무섭게 의미심장한 눈빛이 오간다. 쑥 캐러 가자는 동무들의 제안에 엄마 눈치를 보며 바구니와 이 나간 칼을 챙겨 집 근처 빈터로 향했다. 쑥을 캐며 날이 지는지도 모르고 빠져들던 기억이 손끝에 남아 있다. 등허리가 따뜻해서일까 노곤함은 모든 마음의 긴장을 풀어준다.

고르고 골라 캔 솜털 보송한 쑥은 훌륭한 허브다. 쓴맛이 도리어 입맛을 돋워준다. 쑥은 우리에게 단순한 풀이 아니다. 어머니풀(Mother-wort)이라 불리는 익모초나 쑥은 특히 부인 질환에 효과가 있다. 뜸을 뜨거나 모기를 쫓고 화장품의 원료와 찜질 용도까지 쑥의 쓰임은 다양하다.

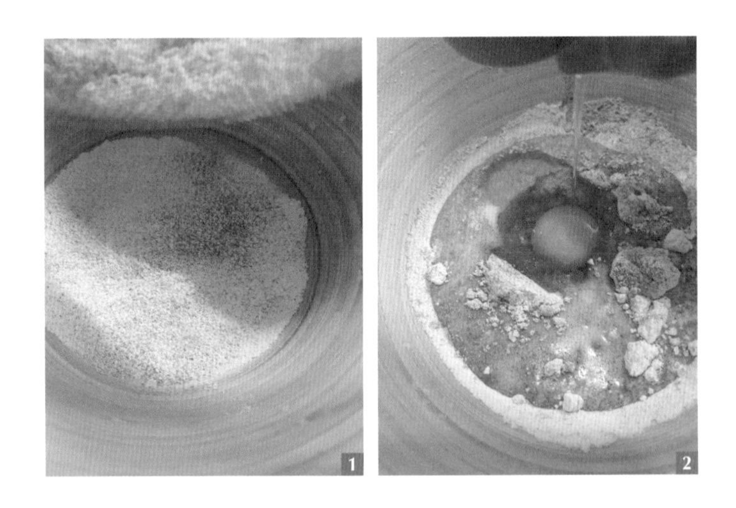

tip. 반죽은 가능하면 하루 정도 냉장고에 숙성시켜 쓰면 더 쫄깃하다. 팬에 불을 약하게 하고 조금씩 가늘게 부어 빠르게 모양을 만든다.

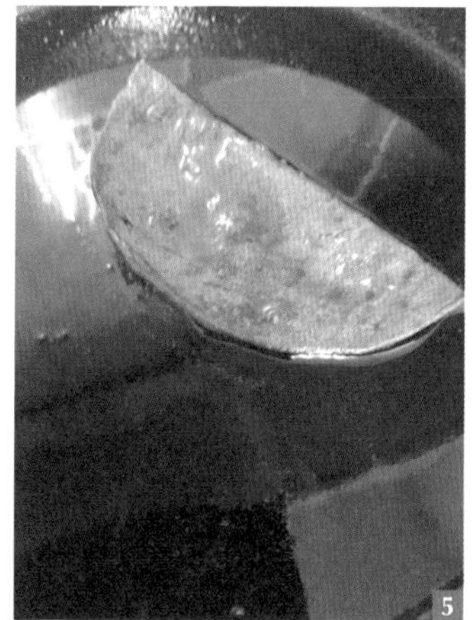
5

6

쑥의 생명력은 대단해서 발길 가는 양지바른 곳이면 어디나 쑥이 자란다. 쑥버무리나 쑥인절미도 좋지만 크레이프에 쑥을 넣어 다른 맛으로 먹어 볼 수 있다. 보들보들 탄력 있는 피와 커피색 소스가 잘 어울린다. 쑥은 유파틸린(Eupatilin)이라는 성분을 포함하고 있어 항산화, 소염 작용을 하며 위장을 튼튼하게 해줘 피부가 깨끗하게 유지되도록 해준다.
쑥의 쓴맛에 어울릴 만한 소스 재료로 자몽을 선택했다. 미리 담가놨던 쑥 술도 넣어 보았다. 쑥 맛과 향, 자몽의 쌉쌀한 맛이 잘 어울린다. 쓴맛에는 어쩐지 깊이가 느껴진다. 시고 단맛이 유년기라면 쓴맛은 깊이 있고 지혜로운 노년의 원숙한 맛이다. 입에 붙은 단맛에만 끌려다니기 보다는 쓴맛을 통해 맛의 균형을 맞추는 게 필요하다. 좋은 약은 입에 쓴 법이다.

유채꽃 사탕

아지랑이 피던 봄 언덕의 꿈을 담아

재료: 유채꽃 10송이, 설탕 200g, 물 60mL, 물엿 40mL, 식초 2mL,
슈가 파우더 40g, 유산지, 막대

만드는 법

1 유채꽃은 꽃 부분만 떼서 납작하게 눌러둔다.
2 설탕과 물을 냄비에 넣고 불을 켜서 녹여 끓인다.
3 끓기 시작하면 불을 줄이고 물엿을 넣는다.
4 시럽 온도가 140도 정도 되었을 때 식초를 넣고 빠르게 섞은 후 불에서 내린다.
5 거품이 가라앉고 유산지에 꽃과 막대를 놓고 시럽을 천천히 붓는다.
6 위에 슈가 파우더를 뿌리고 반대편에도 굳으면 떼서 슈가 파우더를 묻힌다.

가을에는 길가에 핀 코스모스의 군무가 마음을 흔든다면 봄에는 유채꽃이 그 자리를 차지한다. 봄바람이 무섭다고 했던가 앳된 연둣빛 잎에 샛노란 작은 꽃망울이 길게 자라 흔들리는 데 마음을 빼앗긴다.
시간이 가는 게 안타까워 수 일전 보았던 유채가 잘 피어 있는지 조바심을 낸다. 마음을 먹고 길가에 핀 유채를 시간 속에 담기로 했다. 〈정조지〉 속에는 매화를 밀랍에 가둬 시간을 잡는 방법이 소개되어 있다. 꽃의 고운 빛과 향을 잡을 수 있는 묘책이다.

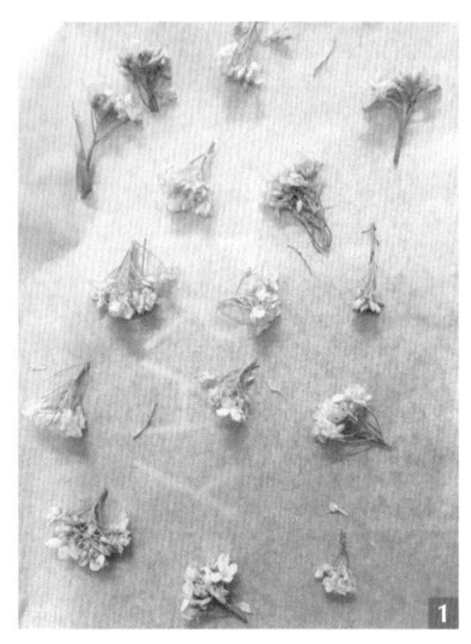

tip. 시럽을 끓이는 냄비는 시럽의 양에 맞춰 크기를 조절해야 한다. 그래야 시럽이 타지 않고 투명한 상태에서 원하는 온도에 이를 수 있다. 스테인리스 냄비를 쓸 때 가장자리가 타지 않게 가장자리에 고인 물을 묻혀 붓질을 해주거나 냄비를 가볍게 흔들어 준다.

설탕을 녹여 부어 유채꽃의 노란빛과 향을 가두는 방법이 떠오른다. 보존에 관한 몇 가지 방법 중 설탕 공예는 온도에 따라 원하는 모습을 조절할 수 있는 장점이 있다. 투명하게 보이는 꽃과 사탕의 달콤한 맛은 사람들의 마음을 끌기에 충분하다. 캐러멜화되기 직전의 설탕시럽을 꽃에 부어 주는데 꽃은 미리 압화를 만들어 두면 사탕 표면이 고르게 된다. 입체감을 살리고 싶으면 덜 누른 상태로 해도 된다. 140도를 넘기면 갈색이 돌기 시작해 투명함이 사라지니 주의해야 한다.

유채는 비타민 C와 베타카로틴의 함량이 높아 피부를 건강하고 깨끗하게 유지하는 데 도움을 준다. 엽산은 빈혈 방지 효과가 있고 식이섬유가 풍부해 변비를 예방해 준다. 유채의 쓴맛인 캠페롤(Kaempferol)은 에너지 대사를 촉진해 지방 연소를 돕는다. 이래저래 유채꽃은 먹는 사람을 꽃처럼 예쁘게 만들어 준다.

로즈메리 보라 꽃 설탕과자

시원하고 쌉쌀한 프로방스의 향

재료: 로즈메리 꽃 달린 가지 1개, 계란 흰자 1개, 슈가 파우더 30g

만드는 법

1 꽃이 핀 로즈메리 가지를 물에 흔들어 가볍게 씻어 물기를 뺀다.

2 계란 흰자는 거품을 내는데 뿔이 서기 전에 멈춘다.

3 로즈메리 가지에 계란 흰자로 코팅하고 슈가 파우더를 체로 쳐서 골고루 뿌려 준다.

4 로즈메리 가지를 키친타월에 올리고 조심해서 냉장고에 넣어 하루 동안 둔다. 다음날 상온에 24시간 두고 밀폐해 보관한다.

화단에서 수북하게 잘 자란 로즈메리 근처를 지나다 보라색 꽃이 별처럼 박힌 것을 봤다. 로즈메리의 꽃은 처음 봐서 신기하기도 하고 너무 예뻐 가던 발걸음을 멈췄다. 10년 넘게 키웠다는 로즈메리에 핀 보라색 꽃은 작은 정원을 순식간에 남프랑스의 프로방스로 이끈다. 바랜 가는 잎과 작은 꽃이 어우러져 화려한 장미가 가지지 못한 아름다움을 대기에 드리운다.
조화, 뜨거운 공기, 바람, 기억에 남는 꽃향기, 색의 번짐, 생명력을 느끼게 해주는 로즈메리의 꽃은 잎과 어우러져 한 몸이 된다. 잎과 가지까지 향신 허브로 쓰고 꽃은 이렇게 사탕과자로 만들면 그냥 먹어도 목이 상쾌하고 시원해진다. 소나무처럼 버릴 게 없다. 로즈메리의 꽃은 말렸다가 향주머니에 넣어 머리맡에 두면 뇌파를 안정시켜 기억력을 향상시킨다. 로즈메리의 작은 꽃들에게 거품 상태의 계란 흰자를 입혀 코팅하고 설탕 가루를 뿌렸다가 저온에서 고정하고 실온에 두면 코팅막이 형성돼 변하지 않는 사탕이 된다. 열을 사용하지 않아 꽃을 위해 폭력적이지 않은 부드러운 방법이란 생각이 든다. 너무 세게 거품을 내면 거품이 잘 발라지지 않는다.
로즈메리 꽃 사탕은 두었다가 레몬 케이크나 쿠키를 만들 때 활용하거나 과일 샐러드에 뿌릴 수도 있고 홍차와 함께 먹을 수도 있다.

tip. 계란 흰자는 형태가 만들어지기 전 거품 상태에서 멈춘다. 다음날 꽃을 20도 이상 따뜻한 곳에 둔다.

에너지 사탕

생강과 현미 산사 맛의 새콤, 고소한 조화

재료: 현미 누룽지 50g, 잣 23g, 산사 85g, 생강 55g, 캐슈너트 50g, 곶감 30g, 톳 5g, 기름 400mL, 설탕 30g

설탕 액: 1차-설탕 140mL, 물 120mL, 물엿 50mL, 식초 2mL
2차-설탕 100mL, 물 40mL, 물엿 40mL, 식초 1mL

만드는 법

1 현미 누룽지는 손으로 잘게 부순다.
2 잣과 캐슈너트는 팬을 달궈 노릇하게 볶는다.
3 생강은 얇게 썰어 끓는 물에 데쳐서 물기를 빼고 꽉 짠다.
4 얇게 썬 산사와 생강, 썬 곶감은 설탕을 뿌려 당절임해서 말린다.
5 톳과 현미 누룽지는 달군 기름에 바삭하게 튀겨 기름기를 뺀다.
6 1차 설탕 액을 130도까지 약한 불에서 끓인다.
7 준비한 재료를 모두 넣고 버무린다.
8 사탕을 만들려면 2차 액까지 130도로 끓여 다시 한번 버무려 모양을 동그랗게 만든다.

누룽지는 가마솥이나 냄비에 밥을 지으면 자연스럽게 생긴다. 전기밥솥으로 밥을 하면서 누룽지가 없어지고 지금은 누룽지를 기성품으로 팔고 있다. 밥보다 더 달고 구수한 누룽지는 씹는 맛 때문에 한번 먹기 시작하면 멈추기가 어렵다.

고소한 누룽지에 생강과 산사로 매운맛과 새콤한 맛을 더해주고 곶감으로 날카로운 맛을 잡아주었다. 잣과 캐슈너트가 들어가 고소하면서도 부드러운 단맛을 한층 강화했다. 1차로 재료들을 코팅한다는 마음으로 부드럽고 촉촉하게 코팅하면 우리가 먹는 시리얼이 된다. 여기에 우유를 부어 먹으면 생강과 산사가 입맛을 깨우면서 속을 편안하게 해줘 소화가 잘된다.

tip. 누룽지는 튀기는 데 시간이 걸리기 때문에 불을 너무 세게 하지 않고 충분하게 튀긴다. 톳은 튀겨지면 부풀어 올라 뜬다. 태우면 갈색이 되고 쓴맛이 생길 수 있어 태우지 않게 주의한다.

2차 당액을 부어 주면 사탕 형태가 만들어져 입에 넣고 빨아먹을 수 있다. 여기 들어간 톳은 까맣게 콕콕 박혀 입맛도 돋우지만 어린 톳의 영양을 그대로 취할 수 있다.
톳은 철분과 칼슘, 섬유질이 풍부해 성인병과 비만을 예방하는 저칼로리 식품이다.

밤과 대추 미니 과자

밤처럼 튼실하고 대추처럼 번성하길

재료: 밤 300g, 가루 설탕 80g, 생크림 20g, 연유 20g, 버터 40g, 대추 200g
피-찹쌀가루 80g, 강력분 120g, 도라지 가루 5g, 이스트 3g, 우유 150mL,
소금 2g, 산초 가루 0.5g, 참깨 30g, 식용유 200mL

만드는 법

1 찹쌀가루와 강력분 도라지 가루는 체에 내린다.

2 이스트는 미지근한 우유에 넣고 갠다.

3 체에 내린 가루에 섞어 주고 소금, 산초 가루를 넣어 반죽한다.

4 밤은 삶아 으깬 다음 녹인 버터와 연유, 생크림, 가루 설탕, 삶아 체에 내린 대추와 섞어 소를 만든다.

5 피 반죽은 35도에서 3시간 이상 발효시킨다.

6 반죽에 소를 짜 넣고 빚은 다음 깨를 무쳐 160도 기름에서 튀겨낸다.

붉고 살집 좋은 호대추와 균형 잡힌 잘생긴 밤이 생겼다. 다른 어떤 과실보다 쓸모가 많고 우리나라 사람들과 가까이 있어 온 과실 두 가지다. 대추와 밤은 결혼식 폐백 때 시아버지께 올렸으며 남색 보자기로 쌌다. 시댁 어른들께 절을 올리면 어른들이 덕담과 함께 대추를 치마폭에 던져준다. 예를 갖추는 자리에 빠지지 않고 오르는 단짝 같은 과실이다.

밤과 대추를 합해 소를 만들고 찹쌀가루와 씁쌀한 도라지 가루를 넣어 나름대로 의미를 생각하며 과자를 만들었다. 찹쌀가루의 느른한 맛을 도라지 가루와 산초 가루가 잡아준다. 도라지는 쓴맛과 단맛이 함께 있어 전처리를 하면 두 가지 맛이 균형을 이룬다.

《흥부전》에 보면 흥부의 자식들이 줄줄이 나오며 "열구자탕에 국수 말아

tip. 160도가 넘으면 깨가 탈 수 있어 주의해야 한다. 가스 빼기를 해서 2차 발효를 하면 더 폭신한 식감을 얻을 수 있다.

먹으면, 벙거지골 먹으면," "개장국에 흰밥 조금 먹으면," "대추 찰떡 먹으면." 하고 먹을 것 타령을 하는 장면이 나온다. 그중에 한 녀석이 "에고, 이 녀석들아 호박국도 못 얻어먹는데 보채지나 말려무나."라고 나무란다.

이래저래 상상 속 성찬의 한자리를 차지하는 대추 찰떡의 위치를 알 수 있다. 흔하지만 한국인의 예와 격을 보여주는 자리에 빠지지 않고 오르는 밤과 대추의 의미가 깊이 있게 다가온다.

송화빙수

윤택하고 매끄러운 송화 빛 유혹

재료: 송홧가루 3g, 우유 20mL, 연유 20mL, 꿀 적당량, 연유 10mL,
녹두 삶은 것 50g, 설탕 60g, 아몬드 슬라이스나 개암 적당량, 솔잎 가루 1g,
인절미 10g(설탕 가루에 송홧가루를 섞은 고물 5g), 얼음 10개

만드는 법

1 녹두를 깨끗이 씻어 물을 붓고 중약불에서 30분 정도 삶는다.

2 녹두가 익어 뜨거울 때 설탕에 버무린 다음 설탕이 배어들도록 끓인다.

3 개암은 살짝 볶아 굵게 다진다.

4 인절미를 1×1×1cm 크기로 잘라 송화 고물을 묻혀 준비한다.

5 얼음을 갈아 그릇에 담고 우유, 연유를 뿌린 후 녹두를 소복이 얹는다.

6 5에 꿀과 연유를 뿌린 후 송홧가루와 인절미, 개암 부순 것을 뿌려 먹는다. 솔잎 가루가 있으면 함께 뿌린다.

송화는 봄이면 가루로 날려 물웅덩이에 노란 띠를 만든다. 송홧가루는 미세하고 가벼워 모아 가루로 만드는 데 많은 품이 든다. 국산 송홧가루는 밝은 레몬 빛을 띠고 매끄러운 윤기가 느껴진다. 저렴한 중국산은 색도 어둡고 탁해 다식을 만들어도 예쁘지 않다.
송홧가루는 혈액순환을 돕고 모세혈관의 건강을 지켜주는 헤스페리딘을 함유하고 있어 노화와 치매를 늦춰주는 데 도움을 준다. 비타민 C와 함께 먹으면 콜라겐 생성을 도와 피부를 탱탱하게 해준다. 몸속의 염증을 잡아주는 송홧가루로 아이스크림을 만들어 먹으면 말차 아이스크림 못지않게 매력적인 맛이 난다.
우유의 양을 조절해 얼려 아이스크림이나 하드바 형태로 만들어 먹어보자. 시판 아이스크림 못지않게 시원하면서 송화의 빛, 맛, 영양까지 즐길 수 있다.

tip. 개암은 살짝 볶은 다음 다져서 사용해야 더 고소하다. 셔벗 같은 식감을 원하면 우유의 양을 늘린다. 녹두는 알맹이가 살아 있게 삶아야 씹는 맛이 있다.

곶감양갱

늦가을 석양빛을 품은 부드러운 터치

재료: 곶감 살 300g, 설탕 20g, 물 90mL, 박력분 10g, 타피오카 전분 5g, 감자전분(녹두 전분) 10g, 삶아 당절임한 연실 25g, 아몬드 가루 조금

만드는 법

1 씨를 뺀 곶감과 설탕, 물을 넣고 간 다음 약한 불에서 끓인다.
2 곶감 물이 걸쭉해지면 내려서 식힌다.
3 여기에 박력분과 전분 가루를 섞어 체에 내리고 2와 섞어 준다.
4 삶은 연실도 당절임해 반 갈라 고르게 섞는다.
5 둥글게 빚어 김 오른 찜기에 넣고 센 불에서 25분 정도 쪄준다.
6 익으면 꺼내서 서늘한 곳에서 식힌다.
7 완성되면 아몬드 가루나 잣가루를 뿌리면 보기 좋다.

맛있는 곶감은 속이 정과처럼 투명하면서 특유의 쫄깃한 맛이 있다. 시상이라고 해서 눈처럼 흰 서리가 내린 곶감이 가장 상품이라고 할 수 있다. 자연 건조한 곶감은 색이 검지만 유황 훈증한 곶감보다 몸에 해가 없다.

북어나 곶감이나 바람과 햇볕을 맞으며 자연 속에서 수분이 날아가며 맛이 변해 깊어진다. 곶감의 속살이 빛나며 결대로 찢어지는 것을 보면 시간이 녹아든 나이테가 보인다.

곶감은 그대로 먹어도 입에서 살살 녹지만 주홍빛 살을 활용해 연실을 박은 양갱 형태로 만들면 빛깔도 곱고 먹는 즐거움까지 느낄 수 있다.

대추의 단맛도 곶감의 단맛도 우리에게는 친숙하다. 과자가 귀하던 시절 대추나 곶감을 활용한 주전부리는 훌륭한 간식거리가 됐다. 현대인에게도 이런 건과류는 풍미뿐 아니라 영양, 향까지 두루 갖춘 최고의 간식거리로 추천할 만하다.

당뇨나 고혈압에 좋은 연실을 넣어 건강까지 생각했다. 곶감은 항암 작용이 있는 카로틴과 나트륨의 배설을 촉진하는 칼륨, 장내 노폐물 배출을 돕는 식이섬유가 풍부하다.

tip. 틀에 부은 다음에는 표면을 고르게 펴 준다. 연실은 미리 삶아 두었다가 반 갈라 당절임 후 사용한다.

◇ 감꽃

어깨를 툭 치는 손길 놀라 돌아보니 바닥에 감꽃이 떨어져 있다. 조용한 아침 드문드문 감꽃 떨어지는 소리가 들린다. 작고 단단한 감꽃 떨어지는 소리에 빈 마당이 분주하다. 놀란 쥐며느리 둥근 몸을 바지런히 움직인다. 얇은 꽃잎으로는 성에 안 차 둥근 항아리 모양 감꽃에 입을 담그려 벌들이 모여든다. 붕붕 날갯짓이 소란스럽다. 네 개로 갈라진 귀여운 감꽃 연둣빛 꽃받침과 연한 크림색 꽃잎에서 눈길을 떼지 못한다.
감꽃 한 송이가 외로웠는지 곁에 툭 떨어진 친구와 도란도란 이야기를 나눈다. 조용한 아침에 오길 잘했다. 감꽃 떨어지는 아침 벌들의 군무와 새소리 초여름을 재촉하는 달큰한 감 맛 입안에 침이 고인다.

◇ 감꽃 목걸이

톡 조심스레 꽃받침을 뚫어 본다. 조마조마한 마음을 아는지 대견하게 견딘다. 하나씩 하나씩 꽃들을 꿰어간다. 뽀얀 감꽃 사이사이 시간의 흔적이 더해진다. 서로 잘 어울린다. 통통하고 귀여운 꽃잎 속 작은 방에 요정이 살고 있을 것만 같다. 감꽃과 도란도란 이야기 나누며 시간 가는 줄 모른다.

감꽃 목걸이

파프리카 크래커

저녁놀을 닮은 쿠키

재료: 파프리카 퓌레 70g, 파프리카 파우더 5g, 박력분 180g, 버터 50g, 설탕 40g, 달걀 1/2개, 소금 1g, 검은깨 3g

---

파프리카 퓌레 만드는 법

1 파프리카는 불에 구워 껍질을 얇게 벗기고 속을 깨끗하게 잘라내 붉은 과육만 남긴다.
2 과육에 기름을 흡수시켜 부드럽게 만든다.
3 식초를 넣고 블렌더에 간 후 소금, 설탕을 넣고 졸이다가 올리고당을 넣고 물기가 없어지도록 졸인다.

만드는 법

1 과육은 말려 가루 낸다.
2 버터는 중탕으로 녹이고 달걀과 설탕을 섞은 후 파프리카 퓌레를 넣고 잘 섞는다.
3 박력분을 체에 쳐서 2에 고루 섞고 파프리카 파우더를 넣은 후 반죽한다.
4 검은깨를 함께 넣는다.
5 반죽을 냉장고에서 40분 정도 휴지시킨 후 꺼내서 얇게 민다.
6 모양 틀로 찍고 구멍을 낸 후 오븐에서 175도로 15분 정도 굽는다.

파프리카는 고추에 대한 좁은 인식을 크게 넓혀준 일등공신이다. 새로운 식재가 들어오면 받아들이고 익숙해지기까지 일정 시간이 걸린다. 파프리카도 처음 들어왔을 때는 재배하고 판로가 없어 고스란히 버리는 수모를 겪었다고 한다. TV에 재배하는 할머니들이 나와 피부가 좋은 이유는 파프리카를 먹어서라며 한 입 크게 베어 물며 홍보하던 기억이 난다. 맵지 않고 맛있다고 소개하던 노력 덕분에 지금은 사철 사랑받는 향신 고추가 됐다.

파프리카는 과육에 수분이 많아 생으로 먹을 때는 단맛이 강하지만 과피를 얇게 벗겨 말리면 매운 향이 강해진다. 과일 향과 고추의 매운 향을 동시에 가지고 있어 향신료와 음식에 부드러운 단맛을 주는 데 적합하다. 이 두 가지 성질을 극대화하기 위해 가루와 퓌레로 만들고 색을 살려 비스킷을 만들었다. 파프리카는 붉은색부터 주황, 노랑, 보라 심지어 흰색까지 있는데 붉은색 파프리카가 가장 선호되고 비타민 C가 풍부하게 들어 있다.

tip. 파프리카는 흰 속 부분을 잘 제거해야 붉은색이 선명하게 나온다. 꼭지 부분은 수분이 많아 다른 용도로 쓴다. 파프리카 퓌레를 끓일 때는 잘 튀기 때문에 긴 팔을 입고 장갑을 끼고 조리한다.

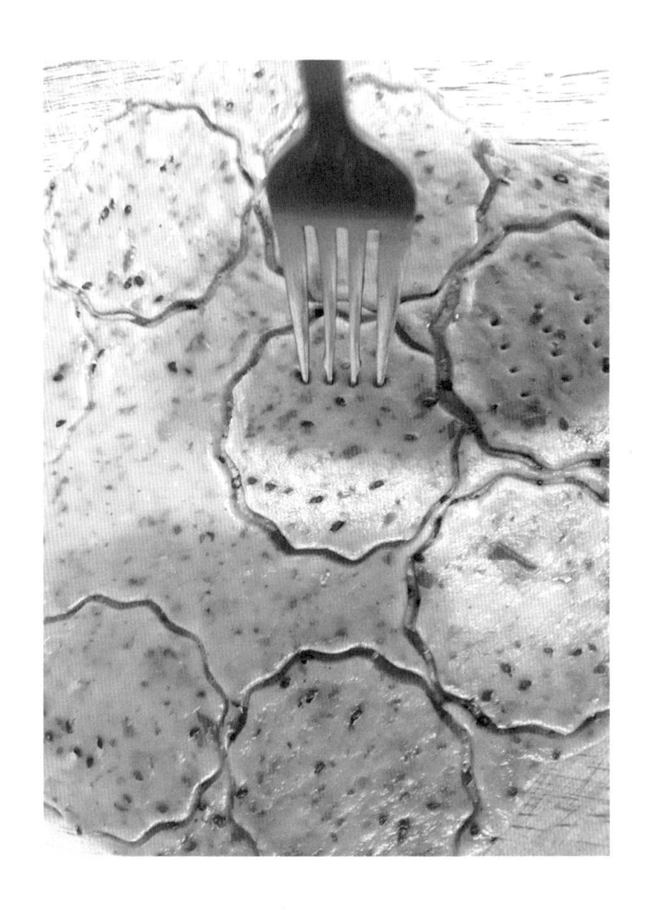

생식하기에는 주황색도 좋은데 과육이 두텁고 무게가 많이 나가는 것이 상품이다. 파프리카의 비타민 C는 조리해도 잘 파괴되지 않는다.
파프리카는 음식에 색을 내거나 육류, 생선, 갑각류, 샐러드 요리 등에 잘 어울려 서양에서는 다양한 요리에 활용된다. 단순한 생식이나 잡채에 곁들이는 외에 제과 제빵에도 색과 영양을 살려 활용해 볼 수 있다.

술지게미 피자

도란도란 술 향기를 나누는 마음

재료: 술지게미치즈-술지게미 70g, 감자전분 30g, 유채유 1큰술,
소금 1g, 허브 0.5g
도우-강력분 120g, 천연 효모 1g, 미지근한 물 63mL, 올리브유 5mL,
소금 누룩 1.5g
토핑-홍감자칩 적당량, 파프리카 토마토 소스 40g, 아보카도 20g,
술지게미치즈 적당량, 허브, 올리브유, 우스터소스 적당량

만드는 법

1 술지게미와 감자전분, 유채유, 소금, 허브를 넣고 푸드 프로세서로 1분 정도 섞어 치즈 질감이 나면 140도 오븐에서 15분 정도 굽는다.
2 밀가루와 천연 효모와 미온수를 합쳐 고루 섞는다.
3 올리브유를 넣는다.
4 반죽을 비닐봉지에 넣고 실온에서 10분 정도 둔다.
5 반죽을 꺼내 소금 누룩을 넣고 반죽한다.

6 공기를 빼 냉장고에서 하룻밤 발효시킨다.

7 반죽 117g을 떼서 손으로 편다.

8 토마토 파프리카 소스, 홍감자칩, 아보카도, 숱지게미치즈 순으로 얹는다.

9 가장자리에 올리브유와 우스터소스를 바르고 오븐 250도에서 15분간 굽는다.

10 다 구워지면 허브를 뿌려 준다.

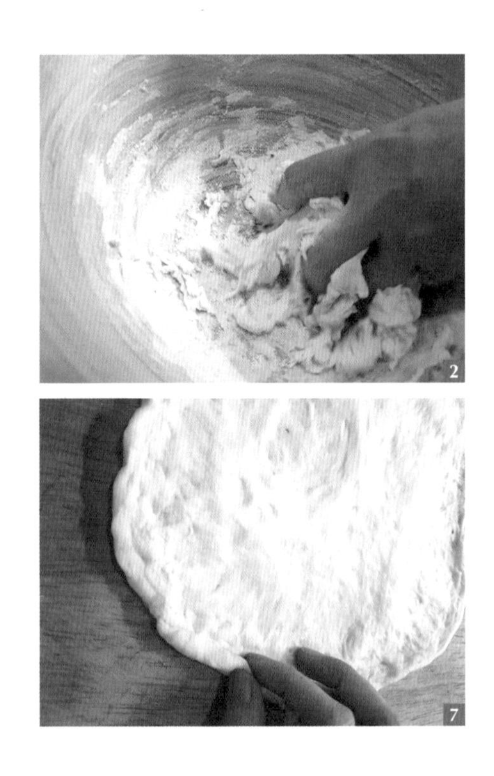

tip. 엑스트라 올리브유를 위에 뿌려 먹거나 구울 때 추가로 뿌려 주면 더 맛있다.

이탈리아 음식인 피자는 작게 만들어 디저트로 활용하기 좋다. 술을 담그고 나오는 술지게미는 간장을 빼낸 메주로 된장을 담그듯이 효소와 알코올 성분, 술지게미 특유의 풍미가 살아 있어 활용하기 좋다. 술지게미는 희고 매끄러우며 단맛과 부드러움이 공존한다. 여기에 올리브유와 감자전분을 넣어 쫄깃한 식감과 고소함을 살리고 소금으로 짠맛을 주면 술지게미치즈가 탄생한다.

홍감자칩은 홍감자를 얇게 썰어 허브 섞은 물에 3분간 삶은 후 소금을 조금 뿌려 볕에서 말린 다음 사용한다. 너무 딱딱하게 말리지 않아야 한다. 홍감자에는 안토시아닌 색소가 있어 콜레스테롤을 떨어뜨려 준다.

치즈가 들어가지 않았지만 술지게미치즈 피자는 은근하게 고소하고 도우가 폭신해서 서로 잘 어울린다. 다만 이 피자는 천천히 꼭꼭 씹어야 제대로 된 맛을 음미할 수 있다.

술지게미는 탄수화물, 단백질, 비타민류, 미네랄, 유기산이 풍부하고 아미노산과 펩타이드, 엽산 등 다양한 영양소를 함유하고 있다. 보습, 미백 작용이 뛰어나 피부에 발라 팩을 해도 효과를 볼 수 있다.

아보카도에는 불포화 지방산인 올레산이 다량 함유되어 있어 콜레스테롤 수치를 개선하고 심혈관 질환을 예방하는 데 도움을 준다.

calmé lorsque j'ai

황정과자

성긴 삼베 자락 사이로 꿈같은 시간은 흐르고

재료: 황정 263g, 타피오카 30g, 밀가루 150g, 우유 50mL,
물 50mL, 소금 1g, 설탕 20g, 이스트 2g(물 20mL), 사과잼 74g, 감귤청 62g,
설탕 가루 50g, 올리브유 30mL

만드는 법

1 황정은 깨끗이 씻어 김 오른 찜통에 20분 정도 찐다.
2 식혀서 잔뿌리와 껍질을 제거한다.
3 잘게 잘라서 우유와 물을 넣고 굵게 갈아 준다.
4 밀가루와 타피오카 전분, 설탕을 넣고 고운체로 친다.
5 이스트를 미지근한 물에 개서 준비하고 위의 준비한 재료를 모두 섞어 반죽한다.
6 소금을 넣고 반죽을 완성해 35도로 18시간 발효시킨다.
7 발효된 반죽의 기포를 빼주고 틀에 올리브유를 바르고 반죽을 반 정도 넣는다.
8 사과잼과 감귤 건지와 청을 바르고 175도 오븐에서 20분간 구워 준다.
9 설탕을 위에 뿌리고 5분 정도 더 구워 준다.
10 다 구워지면 뜨거울 때 설탕 가루를 전체적으로 발라 준다.

올리브유에 로즈메리나 방아 잎 같은 향신료를 넣었다가 사용하면 더 풍미가 있다.

〈정조지〉를 통해 황정을 다뤄 보면서 황정의 장점이 눈에 띈다. 둥글레차로만 마시기에는 너무 아깝다는 생각이 들었다. 생 황정으로 과자를 만들어 보면 먹기가 좋아 거부감 없이 더 많이 먹을 수 있다. 어떤 식감의 과자가 만들어질지 기대가 된다.

쫄깃하면서도 성긴 조직이 매력적인 황정과자는 촉촉해서 소화력이 약한 사람에게 적합한 건강 과자다. 황정이 가지고 있는 성질이 그대로 살아 있어 풀빵 같기도 하고 황정 특유의 구수한 맛과 살짝 쌉쌀한 맛까지 어우러져 중독성이 있다. 가운데 넣은 사과잼 위에 쌉쌀한 토종 감귤류 당절임을 올리면 맛이 잘 어울린다. 쓴맛과 단맛, 구수한 맛의 조화가 버터가 듬뿍 들어간 쿠키와는 다른 세계를 경험하게 해준다.

tip. 쿠키 표면에도 올리브유를 발라 구워 주면 더 풍미가 있다.

기름에 튀겨도 맛있겠지만 오븐에 구워 딱딱하지 않고 조직이 성겨 다음날 먹어도 굳지 않고 식감이 유지된다. 황정이 듬뿍 들어가 섬유소가 풍부해 많이 먹어도 질리지 않고 변비를 예방해 준다. 위에 올리는 토핑은 다른 과일이나 견과류로 대체해도 된다. 버터가 들어간 쿠키가 몇 번 씹으면 침과 함께 버터의 풍미가 느껴진다면 황정과자는 씹으면 씹을수록 달고 구수하고 살짝 쓴맛이 잘 어우러져 고향집에 온 것 같다.

건과류 과일 콩포트

추위를 이겨 낼 비밀 병기

재료: 말린 무화과 100g, 말린 살구 70g, 말린 자두 70g, 앵두, 계피 1대, 정향 4개, 통후추 4알, 팔각 1개, 생강 1쪽, 토종감귤 껍질 조금, 물 2컵, 설탕 100g, 꿀 15mL, 리큐르 10mL

만드는 법

1 냄비에 물을 붓고 계피, 정향, 통후추, 팔각, 생강, 감귤 껍질, 설탕을 넣고 약한 불에서 저어주며 설탕이 녹을 때까지 끓여 준다.

2 말린 과일을 넣고 리큐르를 넣은 후 과일이 즙을 충분히 흡수해 몰랑해질 때까지 20분간 졸여 준다.

3 다 되면 식혔다가 냉장고에 보관한다.

4 먹을 때 꿀을 넣고 앵두를 올려 수저로 떠먹는다.

겨울이 되면 날이 추워지고 목감기에 걸리기 쉽다. 이럴 때 향이 좋으면서 항염 작용도 뛰어난 향신료를 넣고 식이섬유와 칼로리, 당분이 충분히 들어 있는 건과로 콩포트를 해먹으면 건강에 좋다.

칼로리가 높아 속도 든든하고 무엇보다 과일의 향과 계피, 생강, 정향, 팔각, 후추의 향이 심신을 안정시켜 준다. 생강, 후추, 계피의 매운맛이 열을 내게 하고 몸의 신진대사를 활발하게 해준다.

팔각은 정향, 계피, 진피, 산초와 함께 오향장육의 기본 재료로 쓰이기도 하는데 강한 맛이 나고 잡냄새를 없애주며 역시 몸을 따뜻하게 해주고 순환을 도우며 통증을 완화해 주는 효능이 있다.

겨울이면 수정과와 식혜 2가지가 대표적인 전통 음료로 사랑받아 왔지만 좀 더 이국적인 향신료의 조합과 다양한 건과류를 활용해 새로운 수정과를 차게 혹은 뜨겁게 즐겨 보는 것도 건강한 겨울을 나는 비결이 된다.

tip. 아이스크림이나 요거트를 함께 얹어 먹어도 맛있다.

2

마 타르틴

마의 새로운 변신

재료: 삶은 마 1개, 바게트 4조각, 올리브유, 소금, 후추, 로즈메리, 고수 잎, 버터

만드는 법

1. 마는 잔뿌리를 떼어내고 깨끗하게 씻는다.
2. 찜통에 넣고 마가 푹 익을 때까지 찐다.
3. 마를 충분히 식힌 후 껍질을 벗긴다.
4. 바게트를 팬에 구워 뜨거울 때 버터를 바른다.
5. 버터를 바른 위에 마를 치즈 강판에 갈아 수북하게 올린다.
6. 그 위에 올리브유, 소금, 후추를 뿌리고 로즈메리, 고수 잎을 다져 올린다.
7. 은박지에 싸서 오븐에서 7분 정도 구운 후 다시 은박지를 벗겨서 1분 정도 더 굽는다.

마를 삶으면 쓸모가 많아진다. 생으로 갈면 미끄러운 성질 때문에 다루기가 어려워 조금 꺼려지는 게 사실이다. 마를 삶으면 미끄럽지 않으면서 토란, 밤, 감자, 고구마 같은 포근한 느낌이 생겨 다양하게 쓸 수 있다.
마를 찐 후 차게 식혀서 치즈 강판에 갈면 형태를 유지하면서도 갈린 모양이 치즈를 닮았다. 피자나 빵 위에 올려 먹으면 감자와는 또 다른 고소하면서 깔끔한 맛을 느낄 수 있다.
자신이 좋아하는 향신료나 향신채를 올리면 마와 잘 어우러져 이국적인 풍미가 완성된다. 옥연병을 활용해 꿀이나 설탕, 계핏가루, 산초 가루를 뿌려 먹어도 맛있고 소고기와 함께 마를 버무려 빵에 올려도 한 끼 식사로 손색이 없다.
마를 올리브유에 소보로처럼 볶아서 빵 위에 올리거나 그대로 죽을 끓여 같이 먹어도 마 특유의 부드러운 맛을 충분히 느낄 수 있다. 배 속을 편하면서 든든하게 해준다. 풍부한 식이섬유가 배변 활동도 돕는다.

tip. 마를 충분히 식혀야 부서지지 않고 치즈처럼 잘 갈린다.

열매마 구운 과자

꼬독꼬독 씹어 먹는 건강 과자

재료: 열매마 93g, 현미 쌀가루 100g, 당귀 가루 5g, 산수유즙 80mL, 코코넛오일 9mL, 꿀 30mL, 즙청용꿀 60mL, 장식 설탕 가루 20g, 소금 1g

---

만드는 법

1 쌀은 볶아서 가루를 낸다.
2 마를 강판에 간다.
3 당귀 가루와 소금, 꿀을 넣고 반죽한다.
4 반죽을 밀어 편 후 모양 틀로 찍어 낸다.
5 코코넛오일에 지진다.
6 산수유즙과 설탕, 꿀을 넣어 즙청한다.

달고 진한 맛, 혀끝에서 사르르 녹는 과자가 대부분인데 조금 불친절한 과자를 만들어 봤다. 과자 맛이 쓰고 시고 알갱이를 꼭꼭 씹어야 단맛을 느낄 수 있다. 단맛과 짠맛, 매운맛은 원초적인 맛인데, 쓴맛과 신맛은 싫어하는 사람도 많고 이성적인 맛이다. 가만히 생각해 보면 쓴맛과 신맛은 쉽게 좋아할 수가 없고 시간이 흘러야 맛을 익힐 수 있어서 그런 게 아닐까 하는 생각이 든다.

tip. 기름을 적게 두르면 구운 과자처럼 되고 기름을 넉넉하게 두르면 튀긴 과자가 된다. 장식으로 산수유를 박을 수 있다.

질리지 않으면서 무뎌진 감각을 깨워 주는 데는 쓴맛과 신맛이 최고다. 쓴맛은 마냥 쓰기만 한 게 아니라 쓴맛 끝에 침이 돌아 끝에는 단맛을 느끼게 해준다. 단맛에 물려 쓴맛이 느껴지는 게 아니라 정반대 현상을 느끼게 된다. 신맛도 마찬가지다. 고생 끝에 낙이 온다는 말처럼 맛과 삶은 닮은 구석이 많다.

열매마는 성장 호르몬 분비를 촉진하는 아르기닌 성분과 칼슘이 풍부해 성장기 어린이나 청소년들에게 유익하다. 열매마, 흰강낭콩, 두유, 꿀을 함께 갈아 마시면 노화를 방지한다. 당귀를 말려 가루로 빻아 놓으면 손쉽게 향료로 쓸 수 있다. 우유나 토마토주스에 뿌려 먹어도 맛이 잘 어울린다. 당귀의 향과 쓰고 단맛이 디저트를 만들 때 악센트가 된다. 당귀의 데커신 성분은 청혈과 보혈 작용이 있다. 잎은 쌈을 싸 먹고 뿌리는 여성 질환 치료제로 쓰인다. 산수유 열매의 코르닌(Cornin), 모로니사이드(Morroniside), 로가닌(Loganin) 성분이 신장 기능을 강화해 준다.

개암 마름 양갱

고소하고 든든한 특별한 양갱

재료: 개암 22g, 가루 한천 4g, 황설탕 10g, 팥 삶은 것(고운 앙금 80%, 통팥 삶은 것 20%) 300g, 마름 10g, 물 100mL

만드는 법

1 개암과 마름은 볶은 다음 물에 데쳐 껍질을 벗긴다.
2 팥은 삶아 가라앉힌 다음 당절임한 통팥을 섞어 준비한다.
3 냄비에 가루 한천, 물, 황설탕을 넣고 끓인다
4 끈기가 생기면 여기에 팥앙금을 넣고 잘 섞어 준다.
5 졸이다가 준비한 마름과 개암을 넣고 1분 정도 졸인 후 틀에 붓는다.
6 틀에 넣은 양갱이 다 식으면 적당한 크기로 자른다.

마름과 개암은 이제는 쉽게 볼 수 없는 토종 식재다. 수율(水栗)이라고도 불리던 마름은 밤 맛이 나고 전분 성분이 많아 구황식으로 쓰였다. 개암도 구황 식재로 쓰였을 뿐 아니라 산에 가면 쉽게 볼 수 있는 토종 견과류였다.
방죽이 메워져 건물이 들어서면서 연꽃처럼 화려한 꽃이 피지 않는 마름은 점차 사라져 인적이 뜸한 마을 방죽에서나 볼 수 있다.
간절한 마음을 담아 부드러운 양갱에 마름과 개암을 담아 봤다.

tip. 단맛을 좋아하면 팥은 삶을 때 미리 원하는 설탕량을 넣어 준비한다. 팥양의 50% 정도 넣고 조려 준비한다.

• epilogue •

에필로그

유난히 힘들었던 한 해가 지나간다. 조금 앞당겨 찾아온 더위가 기승을 부리는가 싶더니 길고 긴 장마와 폭우가 여름을 지배했다. 과일의 첫 모습을 담고 느끼고 싶어 잎이 나고 꽃봉오리가 맺히는 4월부터 둑방길이 닳도록 드나들었다. 여전히 개복숭아와 매실과 복숭아는 나를 헷갈리게 한다. 어렸을 때부터 자연스러운 경험으로 체화되지 않은 지식을 습득하기가 은근히 어렵다는 생각이 든다.

모든 것에 호기심을 가지고 끊임없이 주변을 관찰했을 서유구 선생의 열정이 떠오른다. 선생이 금화산에서 은둔할 때 주경야독(晝耕夜讀)하며 지은 《금화경독기(金華耕讀記)》에서 일상에 대해 남긴 글이 있다.

"어머니께서 금화 산장에 계실 적에 나는 밭에 물을 대고 밭을 갈아서 아침과 저녁을 해드렸다. 어머니께서 밥을 마주 대하고 문득 웃으시면서 말씀하시기를 '이 그릇에 수북하게 담긴 것은 모두 너희 손에서 나온 것이다. (중략) 근래에 너의 손에 박힌 굳은살을 보니 더욱 곡식 농사의 어려움을 알겠다. 저 서울 가까이 살면서 눈으로 쟁기와 가래, 괭이 등도 알지 못하면서 배를 채우고 옷을 입으려는 것은 어찌 천지의 도둑이 되는 것이 아니겠냐?'"

아들 형제가 손수 농사지어 조석(朝夕)으로 밥상을 차려 어머니를 봉양할 때 어머니의 말씀이 감동적이기 그지없다. 붓을 잡던 손에 굳은살이 박이도록 열심히 농사를 지어 차린 밥상 앞에서 손수 농사를 지은 아들들을 격려하고 칭찬한다. 하늘이 내린 소중한 곡식을 얻기 위해 부지런히 농사짓지 않고 고마움도 모른 채 밥을 먹고 옷을 입는 자들에 대해서도 일침을 가하신다.

인간의 독주가 낳은 자연 파괴의 결과로 고통받는 우리에게 많은 생각을 하게 만든다. 건강하고 균형 잡힌 삶, 모두가 공생하며 의식주의 참된 의미에 대한 성찰이 필요한 시대에 새겨야 할 구절이다.

과자는 자체로 완성된 형태도 많았지만, 밀전과(蜜煎菓)나 당전과(糖纏菓)를 통해서 여러 가지로 응용할 수 있는 게 많았다. 시병(柹餠)을 만들다 남은 것을 따뜻한 곳에 두었더니 강하면서 향기로운 식초가 되었다. 밀전과는 꿀이 신맛과 단맛의 조화를 이루게 해 주고 천연 광택제 역할을 해 주어 여러 가지 일상식을 만드는 데도 응용할 수 있었다. 또 밀전과는 과일 자체의 향과 맛을 그대로 살리면서 약리 작용도 빼어나 기운을 보하는 과자이자 치료제로 거부감 없이 먹을 수 있었다.

산사나 연근, 대추, 황정, 유자, 비자의 가치가 새롭게 보인다. 다양하게 조리하는 과정을 통해 재료 본연의 장점은 살리면서 자연을 통해 완성해 가는 순응과 공존이 감동스럽다.

예쁜 감꽃이 별처럼 내린 아침, 누가 밟을세라 주워 담아 한참을 들여다봤다. 감은 맛있게 먹었으면서 이런저런 이유로 곁에서 감꽃이 지는지도 몰랐다. 감꽃의 모성에 관해서 이야기하던 분의 얼굴이 떠오른다.

자연과 인간과 음식은 서로 연결된 하나의 생명체라는 생각이 든다. 옛날 어머니들은 부엌에 조왕신(竈王神)이 있다고 믿고 불씨를 꺼뜨리지 않기 위해 불씨 항아리를 신줏단지 모시듯 하면서 신성한 불씨를 지켰다. 불씨는 집안에 나쁜 기운이 들어오는 것을 막아 주는 숭배의 대상이며 화로에 담긴 불씨로 난방, 다림질, 조리까지 할 수 있었다.

불에 졸이고 햇볕에 말리고 바람을 쐬고 땅에 묻어 보관하는 일련의 과정들이 불편하지만 자연과 함께하는 소중한 경험을 하게 해주었다. 땅을 파고 밤을 보관하면서 밤의 맛이 어떻게 변할까 기다려 봤다. 시중에서 말려 파는 밤과는 맛이 달랐다. 색이 더 노랗고 밤에 생긴 주름도 멋진 고가구의 나뭇결처럼 힘이 있고 분명했다. 자연 속에서 숙성된 것들은 감동을 준다. 모든 것을 인간이 통제하는 결과물이 가지지 못하는 깊은 맛과 향, 빛깔을 가지게 된다.

첨식(甛食) 편을 통해 다양한 설탕과자를 만들어 보는 과정도 흥미로웠다. 와사를 만들기 위해 여러 번 실패하고 고민하다가 설탕의 성질을 이해하고 나서야 실타래가 만들어졌다. 구비당의 부드러우면서 은은한 감미도 인상적이었다.

전통적인 과자는 입을 채우기 위해서가 아니라 자연의 빛과 그림자가 투영된 정서적인 결과물이다. 달걀이 짚 꾸러미에 담겨 있고 곶감이 짚 끈이나 대꼬챙이에서 말라 가면 편안함과 안정감을 느낀다. 땅과 풀이 주는 위로와 포용을 과자를 만들며 경험할 수 있었다. 결과만이 아니라 전 과정을 경험하고 먹는 과자는 갈망과 무절제를 연상시키는 공포의 과자가 아니다. 과정을 이해하고 존중하며 기다릴 줄 아는 마음을 길러 주는 느림의 미학이다.
소박한 과자든 과정이 복잡한 과자든 전후 맥락이 있고 자연과 계절을 담은 아취(雅趣)가 있다면 마음까지 보듬어 주는 과자가 된다. 그 속에서 기억에 남고 그 기억은 추억이 되어 먹는 사람에게 달콤한 행복감으로 영원히 남게 된다. 실용적인 목적으로 과자를 만들지만, 거기에 마음을 담아 제례, 혼례, 관례 같은 예식에 올리며 우리만의 미감을 담아 만든 과자는 소중한 전통문화다.
너무 빨리 내달렸던 시간을 돌아보고 《조선셰프 서유구의 과자 이야기》 두 번째 편을 마무리하며 늘 소중하게 생각했던 것들을 떠올려 본다. 인간은 정서적인 동시에 이해받고 싶어 하며 안정감을 느끼기를 원한다. 문득 서유구 선생도 이런 생각을 하며 《임원경제지》 〈정조지〉를 집필하고 항목을 선정하며 고민했을 거라는 상상을 해본다. 식재의 본질을 살리며 조리하고 재미있는 실험과 놀이도 하며 이런 저런 음식을 즐겁게 하며 임원에서 사는 삶! 논과 밭, 산과 들, 강과 바다를 관찰하고 식재를 살피고 부엌에서 손수 음식을 하며 집필한 선생의 열망이 다시 한번 느껴진다. 짧은 부분이지만 《조선셰프 서유구의 과자 이야기》 두 번째 편을 복원하며 이런 선생의 면모를 나름대로 느끼면서 오롯이 함께한 시간이 더욱 소중하게 느껴졌다.

조선셰프 서유구의

과자 이야기 2 당전과·포과편

지은 이 풍석문화재단우석대학교음식연구소
대표집필 곽유경
임원경제지 서유구 편찬/임원경제연구소(정정기) 번역
사진 진선미, 곽유경

펴낸 이 신정수

펴낸 곳 풍석문화재단
진행 박시현, 박소해
디자인 아트퍼블리케이션 디자인 고흐
제작 상지사피앤비
전화 (02) 6959-9921 **E-MAIL** pungseok@naver.com

펴낸 날 초판 1쇄 2021년 5월 28일

협찬 주식회사 오뚜기

ISBN 979-11-89801-41-0

조선셰프 서유구의 과자 이야기 2 당전과·포과편(임원경제지 전통음식 복원 및 현대화 시리즈 9)

이 책은 문화체육관광부의 “풍석학술진흥연구사업”의 보조금으로
음식복원, 저술, 사진촬영, 원문번역, 간행 등이 이루어졌습니다.